Kritisieren – aber richtig

Nach dem Urheberrechtsgesetz vom 9. September 1965 i. d. F. vom 10. November 1972 ist auch die Vervielfältigung oder Übertragung urheberrechtlich geschützter Werke, also auch der Texte dieses Buches, nicht gestattet. Dieses Verbot erstreckt sich auch auf die Vervielfältigung für Zwecke der Unterrichtsgestaltung — mit Ausnahme der in den §§ 53, 54 URG ausdrücklich genannten Sonderfälle —, wenn nicht die Einwilligung des Verlages vorher eingeholt wurde. Im Einzelfall muß über die Zahlung einer Gebühr für die Nutzung fremden geistigen Eigentums entschieden werden. Als Vervielfältigung gelten alle Verfahren einschließlich der Fotokopie, der Übertragung auf Matrizen, der Speicherung auf Bändern, Platten, Transparenten oder anderen Medien.
Alle in dieser Veröffentlichung enthaltenen Angaben, Ergebnisse usw. wurden von den Autoren nach bestem Wissen erstellt und von ihnen und dem Verlag mit größtmöglicher Sorgfalt überprüft. Gleichwohl sind inhaltliche Fehler nicht vollständig auszuschließen. Daher erfolgen alle Angaben ohne jegliche Verpflichtung oder Garantie des Verlages oder der Autoren. Sie garantieren oder haften nicht für etwaige inhaltliche Unrichtigkeiten (Produkthaftungsausschluß).
1. Auflage, 1. bis 2. Tausend — ISBN 3-929360-12-8
Druck: Gebr. Giehrl GmbH, 80939 München

Inhaltsverzeichnis

Kritisieren – aber richtig

Kritik ist für viele Menschen – nicht nur im Berufsleben – eine besondere Herausforderung: für den einen (eine Minderheit) die Chance, endlich einmal eigene negative Gefühle loszuwerden, für die anderen eine Situation, von der der Kritisierende weiß, daß sie für den Kritisierten unangenehm ist; insofern auch für ihn ein unangenehmes Gespräch.

Deshalb wird Kritik in der Realität oft überzogen, verletzend ausgestaltet und viel häufiger: unterbleibt komplett. Was ist die Folge, wenn Kritik unterbleibt? Entweder muß ich selbst immer mehr tun, leisten, oder aber ich bestrafe den „Missetäter" auf andere ungeeignete Weise. Vor allem aber vergibt sich die Führungskraft die Chance (die Pflicht), seine Mitarbeiter zu entwickeln, denn das setzt Erkennen von Schwächen, Fehlern voraus.

Ein Beispiel: In vielen Unternehmen wird von *allen* Beteiligten kritisiert, daß das Gehaltssystem unzureichend besondere Leistungen honoriert. Gerade in Großunternehmen befinden sich alle Mitarbeiter in den Endstufen ihrer Tarifgruppe, unabhängig davon, ob tatsächlich alle die gleiche Leistung erbringen. Der Spielraum für den Chef, finanzielle Anerkennung für Sonderergebnisse auszusprechen, ist nicht mehr da. Wenn nun ein kluger Berater kommt, ein differenziertes, leistungshonorierendes Gehaltssystem entwickelt und dieses auch eingeführt wird, macht ein neutraler Beobachter oft eine erstaunliche Erfahrung: Nach wenigen Monaten profitieren fast alle Mitarbeiter von dieser Zusatzentlohnung, und der Spielraum für besondere finanzielle Anerkennung ist wieder gleich Null. Was ist der Grund? Unterschiedliche finanzielle Zuwendungen, vor allem wenn sie transparent sind, müssen erklärt werden. Positive Leistungen zu honorieren, fällt offensichtlich keiner Führungskraft schwer, aber einem Mitarbeiter sagen zu können, warum dieser eine Sonderentlohnung nicht bekommt, erfordert Vorgesetzte, die Mitarbeitern – konstruktiv – Schwächen aufzeigen, Fehler ansprechen können – eben kritikfähig sind.

Dieses Buch soll eine Hilfestellung sein für alle, die Kritikgespräche führen müssen oder müßten, damit diese den Nutzen von Kritik erkennen (Motivationschance) und auch in der Lage sind, derartige Gespräche konstruktiv durchzuführen. Es soll das Bewußtsein schärfen für unsere Neigung, schwierigen Kritiksituationen auszuweichen und „Un"-Kritik zu üben.

Die Fehler in Kritikgesprächen potenzieren sich, wenn wir auf unser Privatleben schauen, da wir dort häufig noch weniger in der Lage sind, Konsequenzen ungeeigneten eigenen Verhaltens zu berücksichtigen. Insofern mag es auch in privaten Kritiksituationen helfen.

Ich wünsche Ihnen beim Lesen die häufige Erfahrung: „Ach, deswegen ist der (die) so; war auch wirklich nicht gut, was ich da gesagt habe!" – Denn: Fehler sind Orientierungshilfen!

1 Arten von Führungsgesprächen

1.1 Übersicht der Führungsgespräche
1.2 Aufgabenübertragung nach Zielvereinbarung
1.3 Kontrollgespräche
1.4 Sonstige Mitarbeitergespräche

Kurzbeschreibung

Die Ordnung im „Werkzeugkoffer Führung" zu kennen ist wichtig, um die jeweils richtigen Werkzeuge zu haben. Aber was ist richtig? „In jedem Unternehmen wird geführt" und „Wichtig ist eine gute Führung!" Alle nicken beifällig und sind sich einig, meinen aber (je nach Führungsstil) etwas ganz Verschiedenes. In diesem Abschnitt wird das Kritikgespräch der gesamten Vielfalt von Führungsgesprächen im Sinne von richtiger Führung gegenübergestellt, um den Maßstab für *richtige* Kritik aufzeigen zu können.

1.1 Übersicht der Führungsgespräche

1.1.1 Was heißt Führen?

Wenn wir uns in diesem Buch mit dem *richtigen* Kritikgespräch befassen, so müssen wir *richtig* auf irgendetwas beziehen. Was bestätigt uns aber, daß Kritik *richtig* ist? Die Antwort ergibt sich aus dem, was man unter „Führung" versteht. In diesem Sinne muß richtiges Kritisieren als ein Teil richtigen Führens verstanden werden.

WAS VERSTEHEN SIE UNTER FÜHRUNG?
Wenn man Manager fragt, was sie unter Führung verstehen, so erhält man in der Regel eine breite Palette von Antworten. Es fallen Stichworte wie Gewinnstreben, gutes Betriebsklima, Mitarbeitermotivation, den Mitarbeiter ernst nehmen, ihn auch als Mensch mit seinen persönlichen und privaten Wünschen wahrnehmen, Betriebsregeln schaffen und ähnliches.

Welchem Führungsstil beispielsweise geben Sie den Vorzug? Um sich darüber klar zu sein oder zu werden, sollten Sie im Anschluß einen Test machen. Bevor Sie also weiterlesen, sollten Sie folgendes „Führungsfähigkeitsprofil" ausfüllen: „Was sind die 10 (nicht mehr) wichtigsten Kennzeichen von Führungsfähigkeit?" Zur Selbstkontrolle sollten Sie, wenn Sie das Buch zu Ende gelesen haben, diesen Test wiederholen und danach das Ergebnis mit dem des ersten Tests vergleichen. Möglicherweise werden Sie feststellen, daß sich Ihre Einstellung entscheidend zu diesem Thema verändert hat.

Führungsfähigkeit

– das 10-Punkte-Profil

1.	2.
3.	4.
5.	6.
7.	8.
9.	10.

(Bitte auf einer DIN-A4-Seite skizzieren)

Die oben genannten Stichworte mögen Teil einer gelebten Führungstätigkeit sein, sie sind aber sicherlich keine erschöpfende Antwort auf die oben gestellte Frage. Viele verwechseln richtige Führung mit dem richtigen Führungsstil. Führung ist aber keine Frage des guten Tons, sondern eine Frage von klarer Zieldefinition, eindeutiger Zielvereinbarung und möglichst exakter Zielerreichung. Der Führungsstil beschreibt „nur" die Art und Weise der Mitarbeiterbeeinflussung.

Definition:
„Führen heißt, Mitarbeiter (Menschen) beeinflussen im Sinne der Unternehmensziele."
(Funktionale Definition von Führung) Auf den ersten Blick erscheint diese Definition sehr mechanistisch. Der Mitarbeiter ist ausschließlich Mittel zum Zweck! Er wird funktional definiert. Der Mitarbeiter als Individuum mit all seinen Stärken und Schwächen bleibt verborgen.

Aber das erscheint nur auf den ersten Blick. Wenn die Beeinflussung, die Lenkung des Mitarbeiters optimal i. S. der Zielerreichung funktionieren soll, muß ein zweiter Aspekt einbezogen sein: *die Entwicklung des Mitarbeiters selbst.*

Um diesen zwingenden Zusammenhang deutlich zu machen, ergänzen viele Unternehmen die oben gewählte Definition von Führung durch folgende *zweite Definition:* „Führen heißt, Mitarbeiter (Menschen) entwickeln, und zwar zunächst unabhängig von aktuellen Unternehmenszielen." *(Personale Definition von Führung)* In einem dynamischen Unternehmen entstehen ständig neue Aufgaben, müssen ständig neue Probleme bewältigt werden. Dazu braucht aber der Unternehmer (der Vorgesetzte) Mitarbeiter, die dafür die nötigen Voraussetzungen mit sich bringen.

Kritik in statischen und in dynamischen Unternehmen: Es ist deshalb kein Wunder, daß dieser Ansatz für eine Mitarbeiterentwicklung – *Personalentwicklung* – vorwiegend in Unternehmen anzutreffen ist, die sich selbst dynamisch begreifen oder die dynamisch werden, also weg wollen von einem statischen Zustand mit Kompetenzabgrenzungen, Zuständigkeits- und Kästchendenken.

Ein Unternehmen, das sich einem aggressiven Wettbewerb und einem rasanten technischen sowie gesellschaftlichen Wandel gegenübersieht, kann nicht statisch bleiben, andernfalls würde es untergehen.

Um sich unter ständigem Druck auf den jeweiligen Märkten behaupten zu können, brauchen die Unternehmen nicht nur exzellent ausgebildete Fachkräfte, sondern auch überdurchschnittlich motivierte Mitarbeiter mit sozialer Kompetenz.

Die Definition von Führung im Sinne von Mitarbeiterentwicklung und -förderung hat aber nicht nur eine praktische, sondern auch eine moralische Bedeutung: Viele Menschen scheuen wegen mangelnder Risikobereitschaft und weitverbreiteter Trägheit („Das ist mein Bereich", „Da könnte ja jeder kommen", „Das haben wir noch nie so gemacht") vor großen Veränderungen zurück. Erst bei längerem Nachdenken und intensivem Nachfragen öffnen sich die meisten für neue Wege. Fast jeder möchte letztendlich Perspektiven für die eigene berufliche und persönliche Weiterentwicklung haben.

Die meisten sind daran interessiert, in ihrer jeweiligen Position besser, effizienter und harmonischer zu arbeiten, Ziele schneller zu erreichen, mehr Erfolgserlebnisse zu haben oder aber auch tatsächlich Weiterkommen, Aufstieg, Karriere zu erleben.

Der Unterschied der beiden Definitionen von Führung wird auch grafisch deutlich.

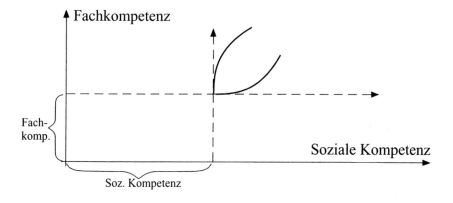

7

In der Regel nehmen während eines laufenden Einstellungsverfahrens die dafür Verantwortlichen nicht nur die Fragen zur Fachkompetenz des zukünftigen Mitarbeiters (Ausbildung, Abschlüsse, Berufserfahrung) sehr ernst, sondern auch die zu seiner sozialen Kompetenz (Teamfähigkeit, Verhandlungsgeschick, Führungsqualitäten etc.).

Doch wie sieht es nach erfolgter Einstellung aus! Wohl nur in sehr statisch geführten Unternehmen läßt sich dieses Thema getrost abhaken. Es ist nämlich sowohl für das Unternehmen als auch für den einzelnen Mitarbeiter sehr bedeutungsvoll, ob vorwiegend Fachkompetenz aufgebaut wird oder ob die soziale Kompetenz stärker im Vordergrund steht.

Der entsprechende Bedarf des Unternehmens richtet sich nach der jeweiligen Branche und der jeweiligen Marktposition. Für den Mitarbeiter bedeutet – zumindest tendenziell – ein forcierter Aufbau von Fachkompetenz einerseits mehr Sicherheit („Ich bin nicht ersetzbar"), andererseits aber auch begrenzte Chancen (die Fachabteilung als Sackgasse?). Eine verstärkte Ausrichtung allein auf soziale Kompetenz wiederum erhöht zum einen die Chancen, zum anderen aber auch die schnellere Ersetzbarkeit des einzelnen Mitarbeiters im Betrieb.

Beide Definitionen von Führung setzen die Existenz von festgelegten Unternehmenszielen voraus. Entscheidend für den Erfolg eines Unternehmens und damit für die Unternehmensführung ist das Erreichen der Ziele. Das Erreichen von Zielen wiederum ist aber abhängig von der entsprechenden Kontrolle durch wen auch immer. Und wenn schließlich die Kontrollmechanismen Mißerfolge oder zumindest Mängel aufzeigen, ist die Kritik des Vorgesetzten erforderlich.

Kritikgespräche gehören grundsätzlich in den „Werkzeugkoffer" der Führungsgespräche, weil Mitarbeiter immer wieder die definierten Unternehmensziele, konkretisiert auf ihren Bereich oder eine bestimmte *vereinbarte Entwicklung,* nicht erreichen. In all diesen Fällen ist das Kritikgespräch ein unverzichtbares Führungsmittel, um wieder ins Gleis zu kommen. Art und Umfang des zu kritisierenden Gegenstandes ergeben sich also aus den realen Unternehmens- und Entwicklungszielen (siehe Ansatzpunkte für Kritik). Das Kritisieren nicht erreichter Entwicklungsziele wird im Zusammenhang mit dem Fördergespräch (→ Fördergespräch) behandelt.

> ## Zusammenfassung
>
> Richtiges Kritisieren ist Teil richtigen Führens. Um also die Richtigkeit eines Kritikgespräches zu erkennen, muß geklärt werden, was richtiges Führen ist. Dabei wird die funktionale und personale Definition von Führung unterschieden: Führen heißt Mitarbeiter beeinflussen in Richtung der Unternehmensziele und als Ergänzung (nicht Ersatz); Führen heißt Mitarbeiter entwickeln. Dementsprechend ergibt sich als genereller Kritikansatzpunkt und auch als Maßstab für die Qualität des Kritikgesprächs: Wie gut hat der Mitarbeiter die gewünschten Ziele des Unternehmens und in bezug auf seine Person erreicht?

1.1.2 Führen heißt Sprechen

Gleich welches Führungsgespräch der Vorgesetzte mit dem Mitarbeiter führt, immer ist sein Instrument die Sprache (einschließlich seiner Körpersprache). Die Beziehung zwischen Vorgesetztem und Mitarbeiter (aber auch zwischen Kollegen untereinander oder im Privatleben) gestaltet sich immer durch das tatsächlich gesprochene Wort, nicht durch die *Absicht* zu sprechen.

Das Gegenteil von „gut" ist „gut gemeint". Immer, wenn wir sagen, wir haben es doch nur gut gemeint, ist garantiert etwas schiefgegangen. Es sind immer Worte – gerade in der Situation eines Kritikgesprächs –, die helfen, den Gesprächspartner aufzubauen, ihn sich wohl fühlen zu lassen. Und es sind immer Worte, die den anderen verletzen, ihn erniedrigen, ihn verunsichern.
Auch das methodisch optimal aufgebaute Kritikgespräch (→ Aufbau Kritikgespräch) kann durch die falsche Wortwahl das Gegenteil des Beabsichtigten bewirken.

Gleiches gilt für die Körpersprache in dieser Situation. Der Satz „Wo sind die Unterlagen?", gesprochen in freundlichem Ton, bei entspannter Mimik und Gestik, wird dem Tenor nach zu der Antwort führen: „Eine Minute, ich hole sie gleich aus der Registratur."

Doch der gleiche Satz, gesprochen mit gehobener Augenbraue und in zischendem Ton, während die Arme in die Hüften gestemmt sind und der Oberkörper angriffslustig nach vorne gebeugt ist, wird Antworten wie folgende provozieren: „Ich konnte es wirklich noch nicht erledigen" (in flehentlichem Ton) oder: „Dann hätten Sie das eher sagen müssen!"

Eine Führungskraft muß gerade in schwierigen Situationen sensibel sein für den Einsatz von Sprache und Körpersprache. Nicht die Absicht verletzt den anderen, sondern das, was tatsächlich gesagt wird. Der jeweilige Fortgang des Gesprächs ist unschwer zu erkennen. Die Führungskraft muß abwägen, welche Worte sie wählt. Wer hier nicht das Glück hat, mit positiver Grundeinstellung und Ausstrahlung in das Berufsleben entlassen worden zu sein, oder wer nicht zumindest trainiert hat, eine derartige Wirkung zu zeigen, wird immer Probleme haben, seine Mitarbeiter zu motivieren, sei es, weil diese verängstigt werden, mutige Entscheidungen selbst zu fällen oder sei es, weil sie durch eine fortgesetzte Konfrontation mit den Vorgesetzten zu Aggression, Nörgelei oder ähnlichem neigen und daher schon aus reinem Selbstschutz am liebsten „Dienst nach Vorschrift" schieben.

Von der Art und Weise, in der jemand sich artikuliert, lassen sich Rückschlüsse auf seine innere Haltung ziehen. Ein Chef, der nur an sich selbst glaubt und sich für den „Größten" hält, der also Mitarbeiter und ihre Leistung prinzipiell gering schätzt, wird diese Haltung gerade durch seine Sprache zum Ausdruck bringen.

Folgende Anekdote kann dies verdeutlichen:

Der alte Baron von Thyssen soll eines Tages gegen 14.00 Uhr in seinem Hochhaus in Essen von der Vorstandsetage ganz oben in das Erdgeschoß gefahren sein. Als auf halber Strecke ein Mitarbeiter zustieg, bemerkte er Alkoholgeruch. Der Baron: „Mann, haben Sie getrunken?" Der Mitarbeiter: „Ja, entschuldigen Sie bitte, Herr Baron, aber ich bin jetzt seit 40 Jahren in Ihrem Unternehmen und wir haben im Kollegenkreis heute mit einem Glas Sekt darauf angestoßen!" Darauf soll der Baron den Mann hochnäsig von oben bis unten angesehen haben, um dann schließlich zu sagen: „So, seit 40 Jahren schleppen Sie also mein Geld mit Ihrem Gehalt aus meinem Haus!"

Welche Einstellung haben Sie?

Der folgende Fragebogen soll Ihnen helfen, diese Frage zu beantworten.

Meine Einstellung:

	stimmt gar nicht		stimmt zum Teil			stimmt völlig
	1	2	3	4	5	6	7
1. Ich meine, daß einer immer das letzte Wort haben sollte							
2. Ein Vorgesetzter hat sich um die privaten Dinge seiner Mitarbeiter nicht zu kümmern							
3. Dienst ist Dienst und Schnaps ist Schnaps							

	stimmt gar nicht		stimmt zum Teil			stimmt völlig
	1	2	3	4	5	6	7

4. Zur richtigen Führung muß man veranlagt sein

5. Viele Köche verderben den Brei

6. Ich finde, der Vorgesetzte ist dafür verantwortlich, daß Disziplin in der Gruppe herrscht

7. Heutzutage lassen Vorgesetzte viel zuviel durchgehen

8. Gefühle haben im Berufsleben nichts zu suchen

9. Den meisten Menschen geht es im Beruf doch nur darum, Geld zu verdienen

10. Wenn man Mitarbeitern zu viel Freiheit gibt, dann nutzen sie das aus

11. Mitbestimmung ändert letztlich doch nichts an der Tatsache, daß es immer einige gibt, die das Heft in der Hand halten

12. Im Grunde drücken sich die meisten Menschen vor Verantwortung

13. Wenn man sich auf andere zu sehr verläßt, dann ist man meist selbst verlassen

14. Vertrauen ist gut, Kontrolle ist besser

15. Wenn man nicht aufpaßt, dann nutzen einen die anderen schnell aus

16. Im wesentlichen ist jeder Mensch das Produkt der Verhältnisse

17. Letztlich kann man sich nur auf sich selbst verlassen

18. Wer nicht für mich ist, ist gegen mich

19. Im großen und ganzen kann man die Welt in ehrliche und unehrliche Menschen, in zuverlässige und unzuverlässige unterteilen

20. Ob eine Gruppe viel leistet, hängt in erster Linie von ihrem Vorgesetzten ab
Auswertung am Schluß dieses Kapitels, Seite 44

11

Gleichgültig, welche Einstellung Sie als vorgesetzte Führungskraft haben, jeder Mitarbeiter sollte durch Ihre Sprache und Ihre Körperhaltung auf alle Fälle das Gefühl haben, daß er für das Unternehmen gebraucht und akzeptiert wird. Jedes Kritikgespräch, unter solchen Voraussetzungen geführt, wird beim Mitarbeiter positive Veränderungen hervorrufen.

Zusammenfassung

Entscheidend für die Wirkung des Kritikgesprächs ist nicht die Absicht des Vorgesetzten, sondern ausschließlich das, was gesagt und körpersprachlich gezeigt wird. Die wohlmeinendste Kritik wird zu Aggression, Ablehnung oder innerer Kündigung führen, wenn sie nicht in ruhigem, durchaus freundlichem Ton und entsprechender Haltung, Blickkontakt, Gestik, Mimik und Stimme stattfindet. Die Führungskraft muß sensibel sein für ihre Sprache, einschließlich ihrer Körpersprache. Wer eine negative Einstellung zum Mitarbeiter hat und dieses auch noch zeigt, darf sich nicht wundern, daß diese auch so werden.

Sprache und Körpersprache, speziell in Kritikgesprächen, werden noch ausführlich im 3. und 6. Kapitel behandelt.

1.1.3 Übersicht der Führungsgespräche

Im Sinne eines kommunikativen Führungsstils ist es erforderlich, daß Führungskräfte mit ihren Mitarbeitern häufiger das Gespräch suchen. Die Anlässe dazu können ganz verschieden sein.

Folgende Führungsgesprächsarten werden unterschieden:

Kritik enthalten?	ja	nein
1. Aufgabenübertragung, Zielvereinbarung	x	
2. Kontrollgespräche	x	
3. Fördergespräch, Mitarbeitergespräch, Jahresgespräch	x	
4. Konfliktgespräche		x
5. Gruppengespräche, Meeting		x
6. Sachliche Problemlösungsgespräche		x
7. Persönliche Problemlösungsgespräche		x
8. Sonderthemen, z. B. Gehaltsgespräch, Einstellung, Kündigung und ähnliches		x

Über diese Führungsgespräche hinaus kommt es in der Praxis noch zu kommunikativen Interaktionen, die anderen Zwecken dienen, so beispielsweise die mehr oder weniger private Unterhaltung, das „Tratschen" und alle Gespräche, die dem Frustabbau („Dampf ablassen") dienen. Die Vielzahl von Möglichkeiten, ein Mitarbeitergespräch zu führen, muß einem erfahrenen Vorgesetzten nicht erst vor Augen geführt werden. Allerdings haben viele Führungskräfte immer noch nicht erkannt, daß Führungsgespräche ein wichtiges Führungsinstrument zum Wohl des Unternehmens sind. Sie schieben immer wieder zeitliche Gründe vor, um so einen Termin platzen zu lassen, weil sie den Sinn der Kommunikation auf dieser Ebene nicht voll einsehen. Für eine solche Einstellung typisch sind dann Aussagen wie: „Ich bin heute vor lauter Besprechungen überhaupt nicht zum Arbeiten gekommen."

1.1.4 Konzentration auf ein Ziel

Wer führt, muß sprechen. Aus vermeintlicher Zeitknappheit heraus versuchen viele Führungskräfte, einen Gesprächsgegenstand „mal eben im Vorbeigehen" abzuwickeln, was in der Regel beim Empfänger der „Botschaft" keinen oder sogar einen negativen Eindruck bewirkt. Oder man versucht, bei einem mühselig herausgequetschten Termin möglichst alle anstehenden Themen auf einmal abzuhaken. Ein Mitarbeitergespräch – spontan, unvorbereitet oder im Vorbeigehen geführt – ist für den beabsichtigten Zweck ungeeignet, weil in keiner Weise sichergestellt ist, daß die Botschaft gehört oder verstanden wird. Und ob der andere einverstanden ist, bleibt ungeklärt. Dieses leider häufige alltägliche Führungsverhalten kann höchst unangenehme Folgen haben.

Dazu ein Beispiel: Ein sonst zuverlässiger Mitarbeiter hat seine Arbeit nicht korrekt ausgeführt. Sein Vorgesetzter ärgert sich darüber sehr, hat aber keine Zeit, die Angelegenheit sofort zu klären. Als er ein paar Stunden später den Unglücksraben zufällig am Gang trifft, spricht er ihn von der Seite an: „Na, Herr Lehmann, das war wohl nichts! Auf Sie kann man sich eben doch nicht verlassen. Aber Sie können sich darauf verlassen, da reden wir nochmal drüber!", und weg ist er. Nachdem er so Dampf abgelassen hat, ist für den Vorgesetzten des Herrn Lehmann die Angelegenheit vorerst abgehakt, eine andere bevorstehende Besprechung erfordert seine ganze Konzentration. Ganz anders die Folgen bei Herrn Lehmann. Ihn plagen Verunsicherung, Angst, Schuldgefühle oder Zorn. Am Abend zu Hause wird er z. B. sagen: „Also, der Alte kann mich mal, sowas übernehme ich nicht noch mal! Ich mache jetzt Dienst nach Vorschrift."

Oder: „Das lasse ich mir nicht bieten. Es gibt noch andere, die mich haben wollen!" Und schon ist die innere Kündigung vollzogen. Zwei gegensätzliche Kräfte sind in einem kurzen Moment wie zwei Kugeln aufeinandergestoßen. Der weitere Weg ist für die jeweilige Gegenseite nicht mehr abschätzbar. Eine Zusammenarbeit scheint nicht mehr möglich.

Das Gespräch „im Vorbeigehen" ist, für Kritik, zum Lösen von Konflikten oder zur Klärung von Problemen ungeeignet.

Genauso problematisch wie das Gespräch im Vorbeigehen ist die Neigung, während eines Gesprächstermins alle anstehenden Probleme auf einmal abzuhandeln.

Auch hier ein Beispiel: Der Verkaufsleiter einer Kette von Verbrauchermärkten fährt in eine Filiale, weil der Geschäftsführer ihn aufgefordert hat, den Filialleiter persönlich auf Mängel in der Kassenabwicklung (die Bank hat sich beschwert) hinzuweisen. Der Verkaufsleiter kommt nun in die Filiale und lobt zuerst, weil er eine positive Stimmung bewirken möchte, die Dekoration der Verkaufshalle, die Präsentation und die übersichtliche Preisauszeichnung der Waren. Nur so ganz nebenbei erwähnt er, daß in Zukunft stärker auf bestimmte Details bei der Kassenabwicklung zu achten sei. Der Filialleiter nickt dazu beifällig und hört weiter interessiert den Ausführungen des Verkaufsleiters über den Aufbau seiner Filiale zu. Der Verkaufsleiter verläßt die Filiale mit dem Gefühl, ein gutes, motivierendes Gespräch geführt zu haben und auch dem Filialleiter deutlich die Mängel bei der Kassenabwicklung vermittelt zu haben. Nach einigen Wochen wird der Verkaufsleiter zum Geschäftsführer gebeten und von diesem etwas verärgert angesprochen: „Was ist denn jetzt schon wieder mit der Kassenabrechnung in der Filiale Z? Das läuft ja immer noch schief! Sie sind doch extra dort hingefahren, um das in Ordnung zu bringen. Holen Sie bitte sofort den Filialleiter hierher, wir müssen zu dritt mit ihm sprechen!" Der Filialleiter wird in die Zentrale zitiert und trifft hier auf einen verärgerten Geschäftsführer, der ihn anfaucht: „Ich verstehe Sie nicht, der Verkaufsleiter ist doch extra zu Ihnen gekommen, um Sie auf diese Mängel aufmerksam zu machen!" Daraufhin der Filialleiter: „Ja, ja, der war wohl da. Aber wir haben eigentlich nur darüber gesprochen, wie gut ich die ganze Filiale in Schuß habe!"

Dieser Filialleiter war nicht unwillig, einen Mißstand auszuräumen. Allein die Botschaft, etwas unbedingt und sofort verändern zu müssen, war bei ihm nicht angekommen. Der Verkaufsleiter hatte es nämlich versäumt, seine Botschaft konzentriert an den Empfänger zu senden und vor allen Dingen auch zu kontrollieren, ob sie auch tatsächlich in vollem Umfang und mit der gesamten Tragweite beim Empfänger angekommen ist. Durch die Vermischung mit anderen Gesprächsarten wurde der Gesamteindruck verwässert, und der Empfänger hat sich den Teil der Aussagen für seinen Gedächtniswert ausgewählt, der ihm am sympathischsten war.

Allenfalls sachliche Problemlösungen, die allerdings einen Hauptteil der Kommunikation eines Vorgesetzten mit seinem Mitarbeiter ausmachen, können mit jeweils anderen Führungsgesprächsarten kombiniert werden; so ist z. B. die Kombinierung eines Kontrollgesprächs mit einer Fachdiskussion unproblematisch.

> # Zusammenfassung
>
> Ein konkretes Gesprächsziel – abgeleitet aus Unternehmens- und Entwicklungszielen – muß also zielgenau vereinbart, qualifiziert vorbereitet und erfolgsorientiert durchgeführt werden. Eine Vermischung vieler Botschaften in einem Gespräch verwässert die Wirkung. Es bleibt zurück ein Gefühl, das je nach Selbstdarstellung des Chefs positiv oder negativ erlebt wird, aber keine Korrekturmotivation. Gesprächsgegenstände im Vorbeigehen abwickeln bewirkt entsprechend keinerlei Wirkung oder aber Verunsicherung des Mitarbeiters und Aufbau von Erwartungshaltungen, die nicht befriedigt werden. Die Folge ist Frust. Jedes Führungsgespräch erfordert seinen Platz

1.1.5 Führungsstil und Gesprächssituation

Die Summe der persönlichen Einstellungen (wie auch immer erworben) einer Führungskraft und deren Umsetzung ergeben das Gesamtbild eines *Führungsstils*. Je nach Führungsstil werden unerwünschte Situationen sehr unterschiedlich behandelt.

In einem groben Schema kann man die unterschiedlichen Führungsstile durch folgendes Koordinatensystem verdeutlichen:

Schema der Führungsstile

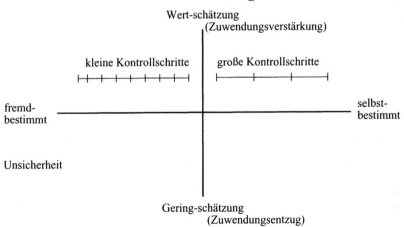

15

Die Kriterien sind zum einen das Ausmaß an Selbstbestimmung eines Mitarbeiters (nach den Ansätzen des Lean Managements innnerhalb einer Gruppe) und zum anderen die Zuwendungsstärke der Führungskraft zum Mitarbeiter. Wenn Vorgesetzte nur wenig Vertrauen in ihre Mitarbeiter setzen, werden sie *diesen enge Vorgaben* machen, nach strikten Anweisungen führen und strenge Ablaufkontrollen (Papierkrieg) installieren. Wer erkennt, daß jegliche Art von Motivation zu hoher Leistung viel zu tun hat mit einem hohen Maß an Entscheidungsspielraum, Selbstkontrolle und eigenen Erfolgserlebnissen, wird *weit gesteckte Kontrollschritte* vereinbaren. Unverzichtbar ist in jedem Falle die Kontrolle bei Beendigung einer übernommenen Aufgabe in Form von Anerkennung (wenn es geklappt hat) oder in Form von Kritik (wenn Soll und Ist nicht übereinstimmen).

Wenn Mitarbeiter nicht nach Zielvereinbarungen, sondern ausschließlich über Zuständigkeitsbereiche und die Rangordnungen der Hierarchie geführt werden, muß sich die Kontrolle „von oben" auf den täglichen Ablauf beziehen. In der Praxis sind dann entweder sehr strenge Kontrollmechanismen oder aber das Abkapseln (jeder hat seinen Bereich) üblich. In einem solchermaßen statisch geführten Unternehmen (das in dieser Form nur in wettbewerbsfernen Sektoren dauerhaft existieren kann) ist Führung im Sinne von positiver Veränderung zu mehr Leistungsbereitschaft des einzelnen Mitarbeiters letztlich nicht mehr erforderlich. Jeder macht eben seine Arbeit, so gut wie er kann und will.

In Unternehmen mit dominantem Führungsstil und statischem Selbstbild ohne zielorientierte Führung findet konstruktive Kritik häufig nicht statt. Jeder beschäftigt sich mit seinem Zuständigkeitsbereich und wird dort auch „in Ruhe" gelassen, solange er seinerseits keinen „stört". Dominanzverhalten in *dynamischen* Unternehmen führt zu autoritären Mechanismen, die hohe Reibungsverluste bewirken.

Wenn das Management ausschließlich um ein gutes Betriebsklima bemüht ist (man mag sich und findet sich sympathisch), werden allein dadurch die Betriebsergebnisse noch nicht verbessert, aber alle fühlen sich wohl. Kritik findet nicht statt, Probleme löst man durch „Aussitzen" oder manchmal auch durch extrem hektischen Aktionismus.

Wird dagegen ohne soziales Engagement, ohne Zuwendung seitens des Managements geführt, werden dadurch die Betriebsergebnisse auch nicht verbessert, ein miserables Betriebsklima kommt aber noch hinzu. Wenn gleichzeitig dann keine wirksamen Kontrollmechanismen installiert sind, wird jeder „sein Süppchen kochen", mehr oder weniger intensiv Dienst nach Vorschrift schieben oder sich in verstärktem Maße an Intrigen, Tratsch und Klatsch beteiligen. Das Betriebsklima in solchen Unternehmen ist aus der Sicht des einzelnen Mitarbeiters geprägt durch Spannungen und nicht ausgetragene Konflikte. Auch nach außen wirkt ein Unternehmen dieser Art unbeweglich, weil weder Kundennähe noch Innovationskraft oder gar die Bereitschaft, auf Marktveränderungen zu reagieren, erkennbar sind. In der Regel handelt es sich dabei um Betriebe, deren Überleben allein durch eine Monopolstellung (z. B. Staatsunternehmen) garantiert ist.

Damit kein Mißverständnis entsteht: Diese Folge ist für Staatsunternehmen nicht zwangsläufig. Natürlich kann man auch dort durch Zielvereinbarungen Dynamik entwickeln. Durch das Fehlen von Anreiz- und Strafsystemen im Nachgang von Kontrolle schlafen derartige Vorstöße leider aber meist sehr schnell wieder ein.

Weitgehend fremdbestimmte Mitarbeiter werden kaum zu höherer Eigenleistung bereit sein. Eine geäußerte Kritik des Vorgesetzten als Folge einer Detailkontrolle wird sich kaum motivierend, sondern im Gegenteil eher verunsichernd auf den Mitarbeiter auswirken. Dienst nach Vorschrift ist dann in solchen Fällen häufig die trotzige Parole.

Wenn sich hingegen der Führungsstil in einem Unternehmen durch soziales Engagement für die Mitarbeiter sowie durch Vertrauen in die Leistungsbereitschaft und in den selbstbestimmten Entscheidungsspielraum des einzelnen auszeichnet, ist eine dynamische Unternehmensentwicklung mit engagierten und motivierten Mitarbeitern vorgezeichnet.

Zusammenfassung

Die Ausführung von Führungsgesprächen dokumentiert den Führungsstil im Unternehmen. In patriarchalischen Unternehmen – Chef als „Obervater" – wird zwar Zuwendung gezeigt, es wird aber sehr eng und vor allem willkürlich kontrolliert. Auf Dauer überleben nicht die Leistungsträger, sondern die Unterwerfungsbereiten.

Agiert ein Manager in dynamisch sich wandelnden Märkten, existieren definierte Unternehmens- und Mitarbeiterentwicklungsziele, so muß der Führungsstil dieses begleiten. Mutig handelnde Mitarbeiter „kämpfen" um Marktanteile, Kostensenkung etc … Das setzt Vertrauen voraus, also weite Kontrollschritte. Gleichzeitig muß der Mitarbeiter auch bei Rückschlägen erleben, daß die Führung hinter ihm steht (oder vor ihm bei Angriffen). Erfolge müssen durch Zuwendungsverstärkung positiv ausgebaut und gefestigt werden. Kritik und Anerkennung werden praktiziert und erlebt als positive Instrumente der Weiterentwicklung, des Fortschritts. Fehler und Schuld werden nicht verwechselt.

Rückmeldung an Mitarbeiter, abhängig vom Führungsstil:

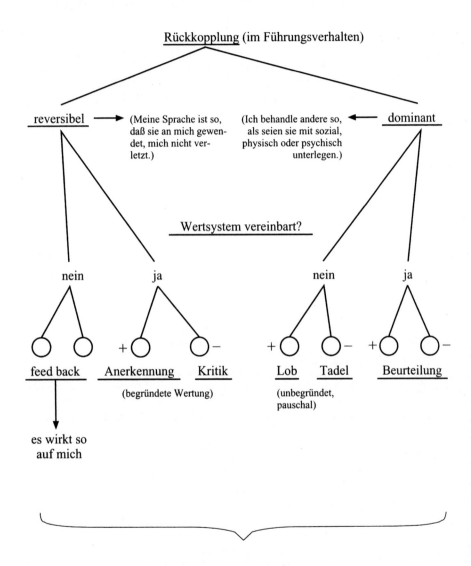

Rückkopplung (im Führungsverhalten)

reversibel → (Meine Sprache ist so, daß sie an mich gewendet, mich nicht verletzt.)

(Ich behandle andere so, als seien sie mit sozial, physisch oder psychisch unterlegen.) ← dominant

Wertsystem vereinbart?

nein   ja   nein   ja

feed back   + Anerkennung   Kritik −   + Lob   Tadel −   + Beurteilung −

(begründete Wertung)   (unbegründet, pauschal)

es wirkt so
auf mich

jeweils unterschiedliche Sprachform!

Wenn Regeln vereinbart sind, wie eine bestimmte Situation zu meistern ist, hat dieser Umstand andere Sprachformen zur Folge, als wenn derartige Parameter nicht festgelegt sind. Im konstruktiven Dialog (reversibel) wird der Vorgesetzte dem Mitarbeiter die Tatbestände, die ihm negativ aufgefallen sind, die er aber mit ihm vorher nicht erörtern konnte, als Feedback zurückgeben (siehe 3. Kapitel). Bei vereinbarten Zielen sind im Kontrollgespräch Anerkennung oder Kritik unbedingt erforderlich.

Beim dominanten Führungsstil ohne Bewertungssystem spricht der Chef Lob oder Tadel so aus, wie er das für richtig und angemessen hält. Wenn Vereinbarungen bestehen, findet eine Beurteilung statt (Urteile fällt immer nur der Mächtige).

Der Unterschied zwischen Kritik und Tadel wird aber nicht nur im sprachlichen Bereich deutlich. So wird sich Kritik immer auf ein konkretes Vorkommnis, etwa auf eine Zielabweichung, richten, nicht aber auf den handelnden Mitarbeiter selbst mit seinen Persönlichkeitsstrukturen.

Beispiel: „Herr Meier, wir hatten vereinbart, daß per 1. März das Sortiment auf 30 Warengruppen reduziert wird. Heute haben wir den 1. März, tatsächlich weist die Statistik aber 67 Warengruppen aus. Das ist nicht in Ordnung!"

Unterscheiden Sie in Ihrem Unternehmen auch sprachlich zwischen Anerkennung und Kritik auf der einen sowie Lob und Tadel auf der anderen Seite! Anerkennung und Kritik unterstützen die Entwicklungsziele eines Unternehmens, Lob und Tadel sind Zeichen eines Dominanzverhalten.

Tadel ist pauschal auf die Person des Mitarbeiters und nicht auf die Sache selbst gerichtet: „Herr Meier, auf Sie kann man sich doch nie verlassen. Wieder einmal mehr haben Sie bewiesen, daß Sie ein Versager sind!"

Die unterschiedlichen Auswirkungen der jeweiligen Führungsstile sind für jeden Praktiker offensichtlich. Da in diesem Buch vom richtigen Kritisieren gesprochen werden soll, wird im folgenden nur noch von Kritik als Teil eines konstruktiven Sprachstils gesprochen.

Zusammenfassung des letzten Kapitels 1.1

Die Frage nach der „Richtigkeit" eines Kritikgesprächs leitet sich ab aus der Grundeinstellung zum Thema Führung im Unternehmen. Ein Unternehmen, das zielorientiert organisiert ist, erfordert eine andere Qualität von Kritikgesprächen als eines, das statisch mit Stellenabgrenzung aufgebaut ist. Wie definiert also der Unternehmer Führung in seinem Unternehmen? Steht neben der funktionalen Definition: Führen heißt, Mitarbeiter beeinflussen im Sinne des Unternehmenszieles, auch eine personale Definition: Führen heißt, Mitarbeiter entwickeln? Zur Erreichung der Ziele steht eine breite Palette von Führungsgesprächen zur Verfügung. Wichtig ist, daß jeder einzelne Gesprächsgegenstand qualifiziert vorbereitet und zielorientiert verarbeitet wird. Das Gespräch im Vorbeigehen oder die Vermischung vieler Anlässe in einem Gespräch mindert oder verhindert die gewünschte Wirkung. Die Ausfüllung der einzelnen Gesprächstypen ist ein Spiegelbild der Einstellung des Vorgesetzten zu Führungsaufgaben und zum Mitarbeiter. Sie drückt sich aus im praktizierten Führungsstil im Unternehmen, der sehr stark vom „Kopf" geprägt wird („Der Fisch stinkt immer vom Kopf!"). Richtige Kritik ist nur möglich mit einem Führungsstil, der mit reversiblen Gesprächstechniken (ich spreche so mit dir, wie ich mir wünsche, daß du mit mir sprichst) arbeitet.

1.2 Aufgabenübertragung nach Zielvereinbarung

1.2.1 Mitarbeiter und Unternehmensziele

Entsprechend der funktionalen Definition von Führung wird der einzelne Mitarbeiter als ein Instrument zur Erreichung der *Unternehmensziele* verstanden. Jeder Mitarbeiter wird um so besser und damit auch zufriedener arbeiten, je mehr er das gewünschte und erreichte Ergebnis als Resultat eigener Leistung begreifen und je schneller er immer weiter gesteckte Ziele tatsächlich erreichen kann, was ja dann letztendlich in einem höheren Gehalt und/oder einer höheren Position zum Ausdruck kommt.

In vielen, vor allem kleineren oder mittleren Unternehmen wird man vergeblich nach einem schriftlich niedergelegten Leitbild, das die Unternehmensziele verbindlich definiert, suchen. Gewiß, jeder Unternehmer oder Geschäftsführer handelt in vielerlei Hinsicht nach selbst gesteckten Zielen oder Vorgaben, diese sind aber häufig zu allgemein oder zu vage. Vor allem aber werden sie dem Mitarbeiter gegenüber nicht in genügendem Maße transparent gemacht bzw. entsprechend dem jeweiligen Organigramm auf allen Hierarchiestufen ausreichend konkretisiert. Allzu häufig wird noch immer auf Marktveränderungen, Finanzengpässe, Wettbewerberaktionen etc. spontan und taktisch anstatt strategisch reagiert. Allzu häufig wird noch immer frei nach dem Motto von Mark Twain gehandelt: „Als sie das Ziel aus den Augen verloren hatten, verdoppelten sie ihre Anstrengungen." Handelt aber ein Unternehmer oder Vorgesetzter auf diese Weise, hat diese gravierende Auswirkungen auf jeden einzelnen seiner Mitarbeiter. Wenn qualifizierte Mitarbeiter ein Höchstmaß an Kraft und Zeit darauf verwenden müssen, um herauszufinden, was und warum sie etwas tun müssen, anstatt innerhalb eines bestimmten Rahmens einfach handeln zu können, bestehen erhebliche Führungsmängel.

Grundvoraussetzung für Kritik ist es, daß im *Vorlauf* eine Abstimmung über das erfolgen muß, was erreicht werden soll. Nur dann kann im nachhinein festgestellt werden, ob der Mitarbeiter es zu verantworten hat, wenn Ist und Soll nicht übereinstimmen.

Prüfen Sie selbst Ihren Führungsstil, indem Sie Ihre Mitarbeiter auffordern, Ziele ihrer derzeitigen Tätigkeiten zu nennen. Viele werden Überraschungen erleben. Wer ausschließlich per Anweisung führt, straft sich selbst mit Überlastung.

„Was soll das ganze Gerede über Führung, die Arbeit muß doch gemacht werden und ich als Chef habe dem Mitarbeiter zu sagen, was er zu machen hat!"

Ist dieser Satz in der Praxis vorstellbar? Mit Sicherheit! Darin spiegelt sich nämlich ein Führungsstil (→ Führungsstil), der mit detaillierten Anweisungen arbeitet (was nicht ohne Auswirkungen auf die Form des Kritikübens bleiben kann).

Sicher, die Arbeit muß gemacht werden, die Mitarbeiter müssen ihre Aufgaben erfüllen. Nur, je stärker das Management dazu neigt, nicht gemäß den Zielvereinbarungen mit entsprechenden Kontrollschritten, sondern statt dessen mit Vorgaben bis ins kleinste Detail zu führen, desto mehr steht der Vorgesetzte in der direkten Verantwortung für den sogenannten täglichen Kleinkram. Die Konsequenzen liegen auf der Hand: Arbeitstage mit 16 Stunden und mehr, keine kreativen Entfaltungsmöglichkeiten für die Belegschaft, keine mutigen Entscheidungen des einzelnen. In einer solchen Situation wird das Aufdecken von Fehlern und Versagen bei einem einzelnen kaum Verbesserungen bringen.

Das Führen durch Zielvereinbarungen ist keine Schön-Wetter-Veranstaltung. Gerade in Zeiten hoher Anforderungen zeigt sich der Vorteil von eigenverantwortlichen, kreativen, mutigen Mitarbeitern.

Je stärker sich das Management auf die Vereinbarung von Unternehmenszielen (Bereichszielen) konzentriert und den einzelnen Mitarbeiter in die Verantwortung für das tägliche Geschehen miteinbezieht, desto weniger muß über Details und Einzelschritte gesprochen werden. Übernimmt der Mitarbeiter Verantwortung für den Weg, also für das Wie beim Erreichen eines gesetzten Ziels, so wird Kritik (oder Anerkennung) immer am erreichten Ergebnis ansetzen können.

Der Vorgesetzte entfernt sich aus seiner Rolle als „Vorarbeiter" mit höchster Fachkompetenz; er muß sich entwickeln zu einer sozial kompetenten Führungskraft, die vor allem Ziele entwickelt und abstimmt, die Kontrolle der Ergebnisse übernimmt und den Mitarbeiter in die Lage versetzt, seine Ziele immer besser und schneller zu erreichen.

Zusammenfassung

Das Vorhandensein von Zielen ist Grundvoraussetzung für richtige Kritik. Ziele leiten sich ab aus erkannten und bekannten Unternehmenszielen. Sie werden mit tieferer Hierarchieebene immer konkreter und stellen den Maßstab dar zur Kontrolle von Soll-/Ist-Abweichungen. Wenn keine Vorstellung über das, was sein soll, besteht, kann Kritik nicht konstruktiv sein. Gerade in kleinen und mittleren Unternehmen wird häufig aus dem Tagesgeschäft heraus mit Teilanweisungen, detaillierten Vorgaben gearbeitet. Wenn nur nach Anweisungen geführt wird, ist eine Kontrolle (Anerkennung und Kritik) von Zielerreichungen nicht möglich. Kritik muß sich dann auf detaillierte Arbeitsschritte beziehen. Wenn der Mitarbeiter sich strikt an Anweisungen hält (Dienst nach Vorschrift!), ist Kritik nicht möglich: „Ich habe genau gemacht, was vorgeschrieben war!"– auch wenn es nichts gebracht hat.

1.2.2 Das „mbo" als Führungsinstrument des Managements

Als Quintessenz des vorangegangenen Abschnitts bleibt festzuhalten, daß die Praktizierung eines bestimmten Führungssystems für ein fortschrittliches Unternehmen unabdingbar ist. Das „Führen durch und mit Zielvereinbarungen" hat auch einen Namen: „mbo = Management by Objektives. Der Kern dieses Führungssystems besteht darin, einerseits den Mitarbeiter durch verbindliche Zielvereinbarungen in die Pflicht zu nehmen, andererseits ihm den Weg zur Erreichung dieser Ziele soweit als möglich in freier Verantwortung zu überlassen (Delegation von Verantwortung).

Warum soll man dem Mitarbeiter die Bestimmung über den Weg soweit wie möglich überlassen? Die Antwort ist einfach: Nichts motiviert einen Menschen mehr als seine eigenen Erfolgserlebnisse. Und Erfolg wiederum setzt die Bestimmung und das Erreichen von Zielvorgaben voraus. Wenn dem Mitarbeiter die Verantwortung für den Weg, also für die operativen Maßnahmen zur Zielerreichung, übertragen bleiben, ist seine Motivation und damit auch seine Bereitschaft, weitere Ziele anzustreben, um ein Vielfaches höher. Durch Delegation der Handlungsverantwortung (die Ergebnisverantwortung bleibt immer Chefsache, allein schon bedingt durch die Verantwortung des Vorgesetzten für die Auswahl und Entwicklung des Arbeitnehmers) erhält der Mitarbeiter Freiräume und die Möglichkeit zu immer mehr *selbstbestimmter* Arbeit.

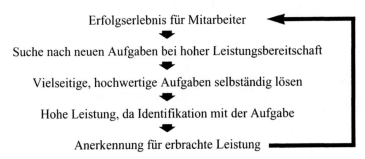

Regelkreis „Leistung"

Erfolgserlebnis für Mitarbeiter

Suche nach neuen Aufgaben bei hoher Leistungsbereitschaft

Vielseitige, hochwertige Aufgaben selbständig lösen

Hohe Leistung, da Identifikation mit der Aufgabe

Anerkennung für erbrachte Leistung

Voraussetzung für das Führungssystem „mbo" ist, daß definierte Ziele überhaupt existieren. Wenn dann noch einige Bedingungen (siehe nächster Abschnitt) eingehalten werden, ist eine auf das Erreichen des Ziels bezogene Kontrolle möglich.

Voraussetzung für Delegation (Checkliste):

☐ Abgrenzbare Ziele ?
☐ Vorhandensein entsprechend qualifizierter Mitarbeiter (Fachkompetenz, Erfahrung, Sozialkompetenz) ?
☐ Vertrauen in den Mitarbeiter (siehe Führungsstil): Wer nicht vertraut, kann nicht delegieren ?
☐ Selbstvertrauen ?

23

Wieso Selbstvertrauen?

Wer als Vorgesetzter darauf angewiesen ist, von seiner Umwelt als „Arbeitstier" wahrgenommen zu werden, oder wer panische Angst davor hat, als überflüssig entlarvt zu werden, der hat nicht nur eine seiner wichtigsten Manager-Grundfunktionen[1] nicht begriffen, sondern er zeigt eben auch zu wenig Selbstvertrauen. Solche Menschen definieren ihr Selbstverständnis durch Arbeit: „Ich arbeite, also bin ich. Ich arbeite viel, also bin ich viel!" Führungskräfte hingegen, die gemäß dem „mbo"-Führungssystem handeln, definieren ihre Rolle über Erfolge und Zielerreichung.

Das Zielvereinbarungsgespräch ist von fundamentaler Bedeutung für das Kritikgespräch. Je qualifizierter das Zielvereinbarungsgespräch durchgeführt wird, desto leichter und konstruktiver ist das Kritikgespräch.

Zusammenfassung

Das Management-System mbo ist aktuell weltweit das verbreitetste Management-System und wird derzeit mit der Diskussion über Lean Management zu noch größerer Konsequenz gebracht. Das mbo setzt im Kern auf motivierte Mitarbeiter; Motivation durch eigene erreichte Erfolgserlebnisse. Mit dem Mitarbeiter (den Mitarbeitern) wird das Ziel vereinbart, jeweils aus den Unternehmenszielen und -grundsätzen abgeleitet, und der Weg, die Handlungsverantwortung, wird dem Mitarbeiter übertragen. Voraussetzung für dieses Management-System sind abgrenzbare Ziele, entsprechend qualifizierte Mitarbeiter (auch dieses ist mittelfristig die Verantwortung des Vorgesetzten), Vertrauen in den Mitarbeiter und Selbstvertrauen der Führungskraft.

1.2.3 Sechs Voraussetzungen für die Zielvereinbarung

In der Regel müssen sechs Voraussetzungen erfüllt sein, um sinnvoll von einer Zielvereinbarung, die Voraussetzung für *richtige* Kritik ist, sprechen zu können.

1. Der Mitarbeiter muß das Ziel als wichtig und richtig akzeptieren

Der Vorgesetzte muß den Mitarbeiter davon überzeugen, daß das Ziel aus vielerlei Gründen von diesem angestrebt werden sollte, so beispielsweise

---

[1]   Die klassischen vier Grundfunktionen sind:
1.   Definition von Zielen und Grundsätzen für den geleiteten Bereich
2.   Planung und Kontrolle des Bereiches (siehe auch Controlling)
3.   Organisation und Führung
4.   Schaffung des eigenen Nachfolgers

- weil er (sie) der beste Mann (die beste Frau) dafür ist
- weil er (sie) sich dadurch im Unternehmen profilieren kann
- weil das für die gesamte Abteilung extrem wichtig ist
- weil dadurch eine bessere Kundenbetreuung möglich ist
- weil dadurch Arbeitsplätze gesichert werden
- weil er (sie) dadurch Abwechslung oder Ruhe bekommt
- weil das seiner (ihrer) beruflichen Entwicklung nutzt
- weil das seine (ihre) Fachkompetenz ausbaut, usw.

Wichtig für die Bereitschaft des Mitarbeiters, den ihm übertragenen Aufgabenbereich als sinnvoll zu akzeptieren, ist die Aufdeckung und Erläuterung des Zielhintergrundes. Je mehr Mitarbeiter in Zusammenhänge eingeweiht sind, desto besser sind sie in der Lage, richtige Entscheidungen im geeigneten Moment zu fällen. Selbst das Schreiben eines Kundenbriefes wird dann leichter, wenn bekannt ist, welche Bedeutung dieser Kunde hat und wie der Beziehungshintergrund zum Kunden aussieht.

Durch Mit-Wissen werden aus Mitarbeitern Mit-Arbeiter, das heißt: Mit-Denken, Mit-Handeln, Mit-Kämpfen. Akzeptanz der Ziele ist Voraussetzung für Erfolgserlebnisse.

2. Das Ziel muß eindeutig definiert sein

Gerade in diesem Bereich sind viele Fehler zu verzeichnen. Wer kennt nicht die folgende bzw. eine ähnliche Situation? „Herr Müller, der Bereich Z ist nicht in Ordnung. Kümmern Sie sich mal drum!" Und Müller nimmt sich auch der Sache an. Er ahnt, was der Chef meint, und häufig klappt das ja auch. Vor allem, wenn man sich viele Jahre kennt, quasi familiär miteinander umgeht. Aber selbst dann oder gerade deswegen kann es schiefgehen. Die Reaktion ist bekannt: „Was machen Sie denn da? Ich meine doch nicht, daß Sie hier aufräumen sollen, sondern Sie sollten die Wände streichen!" Frustgefühle beim Getadelten sind die unausweichliche Folge.

In jedem Fall ist bei derartigen Strukturen jeder Mitarbeiter der Willkür des Vorgesetzten ausgesetzt. Wenn der Chef gut gelaunt ist oder er den Mitarbeiter mag, wird er sagen: „Na ja, ist ja ganz schön geworden!" Bei unbeliebten Mitarbeitern oder grantiger Laune kann der gleiche Sachverhalt zu der Aussage führen: „Das ist ja furchtbar geworden!"

Je eindeutiger das Ziel definiert wird, desto besser kann jeder Mitarbeiter selbst erkennen und entscheiden, ob das Ziel erreicht wurde oder nicht.

Zusammenfassung

Bei nicht akzeptierten, befohlenen Zielen wird Kritik wenig fruchten. Insgeheim wird der Mitarbeiter triumphieren: „Ich hab's ja schon immer gewußt!" Er muß nur aufpassen, daß man ihm mangelnden Einsatz für das Ziel nicht nachweisen kann. Wird das Ziel akzeptiert, wird auch Kritik nicht als aggressiver Akt, sondern als Hilfe verstanden. Wenn das Ziel vage, nebulös bleibt, muß Kritik unscharf, unfair bleiben, da kein Konsens über die Beschaffenheit der Soll-Vorstellung bestand.

3. Das Ziel muß bei adäquater Anstrengung erreichbar sein

Läppische Ziele motivieren wenig, weil sie keine Erfolgserlebnisse verschaffen. Die Vereinbarungen sollten den ganzen Mitarbeiter fordern, allerdings darf von vornherein nicht die Gefahr bestehen, daß unrealistische Ziele vereinbart werden. Jedes Ziel muß prinzipiell erreichbar sein.

a) Der Mitarbeiter muß Einfluß auf die Zielerreichung haben. Es ist wenig sinnvoll, mit dem Pförtner eines Werkes eine Zielvereinbarung über den Return on Investment zu vereinbaren, da dieser nur marginalen Einfluß auf die Erreichung dieses Zieles hat. Das Ziel muß von denjenigen, die es erreichen sollen, beeinflußbar sein, so z. B. der Umsatz in einer Verkaufsregion durch den Gebietsverkaufsleiter, die Fehlerquote einer Inventur durch den Lagerabteilungsleiter oder die Entwicklung eines neuen Produkts durch den Produktmanager.

b) Es müssen Rahmenbedingungen existieren, die die Erreichbarkeit ermöglichen. Kompetenzen, Budgets müssen geklärt sein, der Mitarbeiter muß über Abhängigkeiten informiert werden (Schnittstellen), wenn er das nicht selber herausfinden soll.

c) Die Zielvereinbarungen sollen schon für den Mitarbeiter eine Herausforderung an sein ganzes Können und Wissen darstellen, sie müssen allerdings auch realistisch sein, wenn das Ziel prinzipiell erreicht werden soll. Es gibt Vorgesetzte, die unrealistisch hohe Ziele setzen oder entsprechende Konzernvorgaben kommentarlos weitergeben, wohl mit dem Ziel, aus dem Mitarbeiter das Letzte herauszuholen. Aber: Wer unrealistische Ziele setzt und die Rahmenbedingungen so gestaltet, daß Mißerfolge zwangsläufig sind, verhindert Erfolgserlebnisse und demotiviert seine Mitarbeiter.

Unrealistisch hohe Ziele setzen ist unsinnig, weil sich die Mitarbeiter durch entsprechend gefilterte Informationen auf diese Vorgehensweise einstellen können. Sie ist auch falsch, weil sie Erfolgserlebnisse verhindert. Es ist kein Wunder, daß gerade Vorgesetzte mit einem Hang zum dominanten Führungsstil diese Technik anwenden, weil sie so ihrer Neigung, besser sein zu wollen als andere, voll nachgeben können: „Na, wieder nicht geschafft, Müller?! Habe ich mir ja gleich gedacht!"

4. Das Ziel muß zeitlich begrenzt sein

Der Gesamtzeitraum zur Zielerreichung muß ebenso wie der jeweilige Zeitpunkt, an dem Zwischenziele (Kontrollschritte[2]) durchschritten sein müssen, vereinbart sein. Je nach Situation müssen Zeiträume vorgegeben werden (z. B. externe Termine) oder mit dem Mitarbeiter gemeinsam festgelegt werden: „Was meinen Sie, wie lange werden Sie dafür brauchen?" Eine vage Zeiteingrenzung („Bringen Sie das mal schnell in Ordnung!") ist nicht ausreichend. Auch hier gilt, daß ohne klare Absprache jeder Mitarbeiter der Willkür seines Chefs ausgeliefert ist.

5. Der Maßstab muß bekannt sein

Woran kann man erkennen, daß das Ziel erreicht wurde? Was ist der Maßstab? Ziel könnte z. B. die Reduzierung der Druckverhältnisse im Kessel IV um 30 % innerhalb von 3 Tagen oder die Erhöhung des Marktanteiles in einem bestimmten Absatzgebiet um 10 % im ersten Quartal des Folgejahres sein. Als Maßstab wäre beispielsweise ein Lesestreifen am Manometer „Z" oder entsprechende Tabelle aus den Berichten der Gesellschaft für Konsumforschung in Nürnberg möglich. Die Maßstab ist allerdings nicht immer leicht festzulegen.

Gerade bei qualitativen Zielen ist aus diesen Gründen Kritik so schwierig: Woran messe ich die Qualität eines Gutachtens oder eines Antragsschreibens an die Behörde? Aber auch hier sind Maßstäbe denkbar: der Erfolg des Antrags, die logische Vollständigkeit, die Abwesenheit von Fehlern, die grafische Gestaltung und ähnliches. Je weniger es gelingt, Maßstäbe zu finden, desto weniger Ansatzpunkte für Kritik gibt es.

Wer Mitarbeiter nach nicht abgesprochenen Maßstäben beurteilt, urteilt letztlich über sich selbst

---

[2] Für jeden Kontrollschritt müssen ebenfalls Zwischen-Ziele vereinbart werden. Eine Zwischenkontrolle (?) i. S. einer Bestandsaufnahme („Wie weit sind Sie?") ist zwar möglich, berechtigt aber zu keinerlei Kritik.

6. Folgen bei Ziel-(Teilziel-)erreichung bzw. Nichterreichung müssen klar sein

Dem Mitarbeiter müssen die Konsequenzen bekannt sein, wenn er seine Ziele bzw. Zwischenziele erreicht oder nicht erreicht:

z. B. bei Zielerreichung:
beruflicher Fortschritt
mehr Geld
leichtere Arbeit in der Abteilung
Präsentation vor dem Vorstand
Anerkennung
noch interessantere Aufgaben

z. B. bei Nichterreichung:
weitere Qualifikation erwerben
mehr Kompetenzen, z. B. Überstunden, anweisen
Streichung vom Prämien
Verzögerung von Investitionen
enger gesetzte Kontrollschritte und ähnliches

Bei wiederholtem Nichterreichen der vereinbarten Ziele trotz Erfüllung aller Voraussetzungen sind folgende gegen den Mitarbeiter gerichtete Konsequenzen denkbar: Verweis, Ermahnung, Verwarnung, Versetzung, Umgruppierung, Abmahnung, Kündigung – alles Schritte in der Folge der dann erforderlichen Kritikgespräche.

Wenn die Folgen dem Mitarbeiter vorher bekannt waren, wird das Kritikgespräch nicht mehr als Damoklesschwert erlebt, sondern als Durchführung bereits vereinbarter Maßnahmen.

Wenn die vorgenannten sechs Bedingungen nicht erfüllt sind, wird Kritik zu Problemen führen. *Richtiges* Kritisieren setzt unverzichtbar die Einhaltung dieser sechs Punkte voraus.

Zusammenfassung

Das Einhalten der Bedingungen der Zielakzeptanz für den Mitarbeiter, der Beschreibbarkeit der Ziele, der prinzipiellen Erreichbarkeit unter Anstrengungen, die zeitliche Eingrenzung, das Aufdecken und Vereinbaren des Maßstabes sowie die Absprache über Folgen bei Erfolg bzw. Mißerfolg sind unverzichtbare Bedingungen, um Kritikgespräche *richtig* führen zu können. Je qualifizierter die Vereinbarungen über das gemeinsame Arbeiten sind, desto einfacher wird Kritik sein. Wenn eine oder mehrere dieser Bedingungen nicht erfüllt sind, ist es kein Wunder, wenn Streit entsteht, wenn unrealistische Erwartungen zwangsläufig unerfüllt bleiben und der Mitarbeiter Schuldzuweisungen erlebt. Das Kritikgespräch wird nicht mehr als Korrekturgespräch erlebt, sondern als Abkanzeln oder Abreagieren der Führungskraft – womit wir uns dann von einem motivierenden Führungsstil weit entfernt hätten.

Checkliste zur qualifizierten Vorbereitung derartiger Gespräche
Aus Beobachtungen erreichbare Ziele motivierend formulieren

Akzeptieren	
Beschreiben	
Erreichbar	
Zeit	
Maßstab	
Folgen	

1.2.4 Konsequenzen für den Vorgesetzten

Ein zielorientiertes Management-System erfordert Vorgesetzte, die fähig sind, sich aus ihrer reinen Fachvorgesetzten-Rolle zu entfernen und die sich nicht mehr als Mittelpunkt *allen* Geschehens betrachten.

Fast alle Führungskräfte haben eine bestimmte Fachausbildung durchlaufen, d. h., sie haben Fachkompetenz erworben, und sie sind mit entsprechenden Problemen vertraut. Die Vermittlung von sozialer Kompetenz (definiert als Fähigkeit mit anderen Menschen erfolgreich umzugehen) wird in unserem Ausbildungssystem in aller Regel aber vernachlässigt, so daß im Management allgemein erhebliche Defizite auf diesem Gebiet zu verzeichnen sind.

Richtiges Kritisieren ist Teil der sozialen Kompetenz einer Führungskraft. Vorgesetzte, die in ihrer Fachvorgesetzten-Rolle verharren – sei es aus Vorliebe oder Angst – neigen dazu, Kritiksituationen aus dem Weg zu gehen.

Je höher eine Führungskraft hierarchisch eingestuft ist, desto weniger bestehen die Sachnotwendigkeit und der Zeitrahmen, sich kompetent im fachlichen Bereich einzumischen. Vom Management werden vielmehr andere, nicht weniger effektive Fähigkeiten erwartet: gezielte Mitarbeitermotivation, Kontroll- und Leitbildfunktionen. Es ist für viele Vorgesetzte durchaus nicht lustvoll und häufig sogar mit schlechtem Gewissen verbunden, wenn sie sich nicht mehr um sachliche Angelegenheiten kümmern können. Doch eine Führungskraft, die zu wenig Zeit für Führungsaufgaben aufbringen kann, sollte untersuchen, ob als Ursache nicht mangelnde Delegationsfähigkeit oder -bereitschaft vorliegt.

Folgende Abbildung verdeutlicht diesen Zusammenhang:

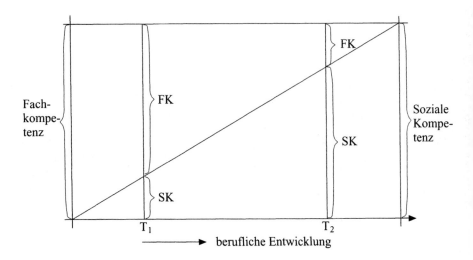

Zum Zeitpunkt T_1 brauchen wir relativ wenig soziale Kompetenz – mal einen Auszubildenden anleiten –, in der Regel zeichnen, rechnen, diktieren, kalkulieren wir. In T_2 bleibt nur noch wenig Zeit dafür, der größte Teil der Zeit erfordert soziale Kompetenz der Führungskraft.

30

Folgende Checkliste soll Ihnen helfen, zu erkennen, warum Sie zuwenig Zeit für Führungsaufgaben haben.

Zu wenig Zeit für Führungsaufgaben, weil

Ursachen	gefährdet?	
	ja	nein
a) Verliebtheit in knifflige Detailprobleme		
b) Falscher Maßstab der eigenen Person bezüglich der Lösung der Fachaufgabe		
c) Falsches Verständnis von Arbeit („Vor lauter Besprechungen habe ich heute wieder nichts geschafft")		
d) Mehr Spaß an schnellen Erfolgserlebnissen bei Fachaufgaben		
e) Unsicherheit vor Führungsaufgaben, da nicht gelernt		
f) Lieber Fachaufgaben, da damit vertraut		
g) Zu wenig Vertrauen in die Mitarbeiter		
h) Falsche Selbstdefinition (Ich arbeite – und Arbeit ist immer Facharbeit – also bin ich, ich arbeite viel, also bin ich viel)		
i) Starke Orientierung an kurzfristigen Problemen		
j) Angst vor unangenehmen Gesprächen		
k) Mitarbeiter nicht genügend entwickelt		

Wenn zuwenig Zeit bleibt für die Wahrnehmung von Führungsaufgaben, entsteht im Bereich der Mitarbeiterführung ein Vakuum. Vakuen aber neigen dazu, sich auszufüllen.

Wenn es beispielsweise in der Hierarchie über einer Führungskraft – die zu wenig führt – noch einen Vorgesetzten gibt, wird letzterer quasi selbst zur Führungskraft: Es wird „durchregiert", weil die Mitarbeiter sehr schnell merken, daß sie faktisch vom „Oberboß" geführt werden. Wenn dieser in seiner Rolle sogar noch aufblüht, ist die Entfunktionalisierung des rangniederen Vorgesetzten perfekt. Er wird zum reinen Fachvorgesetzten, was ihm vielleicht sogar ganz sympathisch ist, weil er sich hier sicher fühlt. Das unausweichliche Problem besteht dann allerdings darin, daß entweder der „Oberboß" über kurz oder lang wegen Arbeitsüberlastung zusammenbricht oder der ihm untergeordnete Vorgesetzte in seiner Funktion als Fach-Führungskraft allmählich überflüssig wird.

Das Vakuum kann sich aber auch aus einer anderen Richtung füllen. Einer aus der geführten Gruppe wird zum informellen Chef. Zu ihm gehen alle Mitarbeiter, wenn sie Probleme haben. Er muß einerseits Kritik üben, andererseits aber Motivation bewirken. Diese Funktion wird häufig mit der Bezeichnung „Mutter der Kompanie" umschrieben. Eine solche Mittlerfunktion kann aber keineswegs im Interesse eines

Teamchefs sein, weil dadurch seine Möglichkeiten, das Arbeitsteam (Abteilung, Hauptabteilung) zu führen und zu lenken, stark eingeschränkt sind. Das Modell eines Lean Managements (→ Lean Management) könnte hier einen Ausweg bieten.

Zusammenfassung

Viele Führungskräfte haben Probleme in ihrer Rolle als Chef, weil sie nicht die richtige Einstellung zu der dafür erforderlichen sozialen Kompetenz haben. Die Tatsache, daß uns derartige Fähigkeiten in der Regel in unserem Ausbildungssystem nicht vermittelt werden, ist noch kein Beweis dafür, daß sie später (und je höher ich stehe, desto gravierender) nicht nötig sind.

Wenn Sie einmal prüfen, was für Ihr Berufsleben (aber auch im Privatleben) bedeutsam ist: die Kenntnis z. B. der Anzahl der Spinnenbeine, oder aber unser Vermögen, zu motivieren, zu überzeugen, *richtig* zu kritisieren, so ist dieses eine rhetorische Frage. Die Ursachen für zuwenig Ausübung von sozialer Kompetenz (siehe Checkliste S. 29) sind vielfältig, die Folgen allerdings sind eindeutig: schlechtere Ergebnisse und Gefährdung der eigenen Position.

Nun gibt es aber auch noch den Fall, daß weder die erste noch die zweite Variante zutreffen. Dann muß entweder die Gruppe von sich aus in der Lage sein, sich selbst als Gruppe zu organisieren (einschließlich Anerkennung und Kritik im Konsens der Gruppe), was für Menschen, die anders aufgewachsen sind, z. B. durch überbetonte Individualität oder Egoismus, nicht vorausgesetzt werden kann. Oder aber es entsteht Demotivation, Frustration (→ Frustration).

Für die Eigenmotivation zur Wahrnehmung von mehr sozialer Kompetenz ist es nicht ausreichend, nur die negativen Folgen auszumalen, zumal diese auch Phänomene sind, die der Chef kurzfristig selbst gar nicht bemerkt. Erst mittelfristig werden sie gravierend und können den Lebenszyklus des Unternehmens verkürzen.

Wesentlich wichtiger ist es, *Vorteile* aktiver Führung, hier der *richtigen* konstruktiven Kritik im Rahmen der Zielvereinbarungen zu erkennen.

Vorteile aus qualifizierter Zielvereinbarung

- Delegation von Fachaufgaben mit entsprechender begleitender Kontrolle der Zwischenziele (Anerkennung und Kritik) erhöht ständig die Qualifikation der Mitarbeiter.

- Durch Entlastung von Fachaufgaben entsteht mehr Zeit für Führungsaufgaben.
- Die Qualität der Arbeitsergebnisse steigt, denn auf Dauer wird der Mitarbeiter im Detail *seiner* Fachaufgabe wesentlich kompetenter, kreativer sein, als der Chef, der sich um alles selbst kümmert.
- Motivierte Mitarbeiter (eigene Erfolgserlebnisse) erbringen bessere Ergebnisse.
- Es bestehen bessere Chancen zur Karriere, denn ohne Freiräume, die eigenen Erfolge und Fähigkeiten auch richtig darzustellen, wird niemand positiv auffallen.

Können auch Ziele mit Gruppen vereinbart werden?

1.2.5 Der Lean-Management-Ansatz

Die Lean-Management-Diskussion trifft an einer Stelle den Kern unserer Problematik, nämlich in bezug auf die Frage, ob sich Gruppen selbst kontrollieren und korrigieren können, also auch unabhängig vom Vorgesetzten Kritik in der Gruppe selbst konstruktiv bewältigt werden kann.

Im klassischen mbo-System wird weitgehend davon ausgegangen, daß Zielvereinbarungen zwischen Vorgesetztem und einem Mitarbeiter stattfinden. Der Gruppe wird zwar das allgemeine Gruppenoberziel dargestellt, für den *einzelnen* Mitarbeiter aber konkretisiert sich dieses durch die individuelle Zielvereinbarung.

Im Lean Management ist eine Einzelzielvereinbarung nicht mehr möglich, schon allein bedingt durch eine zwangsläufige Vergrößerung der Kontrollspanne beim Wegfall von Hierarchiestufen. Und eine solche ist auch nicht mehr nötig, da hier der Vorgesetzte (mit sicherlich wesentlich höherer Anforderung an seine soziale Kompetenz) die Gruppe befähigt, *sich* zu koordinieren und zu sanktionieren. Daß eine derartige konstruktive und zielorientierte Zusammenarbeit *im Team* nicht „vom Himmel fällt", weiß jeder, der schon einmal unvorbereitet Gruppen sich selbst überlassen hat. Nun ist es aber durchaus möglich, Gruppen in diese Richtung zu entwickeln. In anderen Industrienationen wie beispielsweise Japan wird die Fähigkeit zur Konsensfähigkeit in der Gruppe, also das Zurückstellen egoistischer Motive, von frühester Kindheit an gefördert.

Der Lean-Management-Ansatz verlagert die Kritik des Mitarbeiters bei Zielabweichungen auf die Kritik in der Gruppe. Die Gruppe löst intern das Korrekturproblem, erlebt auch als Gruppe Sanktionen (z. B. Prämienabbau), aber auch Anerkennung. Ob der Lean-Management-Ansatz sich im Unternehmen verwirklichen läßt, hängt in noch höherem Maße von der sozialen Kompetenz der jeweiligen Vorgesetzten ab, die sich dann noch stärker aus ihrer Fachvorgesetztenrolle lösen müßten.

Wenn sich dieser Prozeß auch in Deutschland ausbreiten wird, wird sich in der Tat analog zur Zielvereinbarung mit der Gruppe auch das Kritikgespräch auf die Kritik der Gruppe, die sich dann ausschließlich auf das Leistungsergebnis (das Ziel selbst) beschränken muß, richten.

Exkurs: Der Lean-Management-Ansatz scheint im Sinne eines dialektischen Prozesses die Lösung zwischen zwei gescheiterten Extremsystemen darzustellen. Die staatlich gelenkte Planwirtschaft mit all ihren sozialistischen Spielarten ist gescheitert, ebenso hat der brutale Egoismus des Marktliberalen keine aktuelle Bedeutung mehr. Das Führen von Einzelpersonen in streng hierarchischer Linienorganisation ist ein Ausfluß des alten Egoismusprinzips. Indem jeder darum kämpft, seine Ziele zu maximieren, entsteht scheinbar – wenn alle gleich fähig sind, zu kämpfen – aus diesen Konflikten ein Optimum. In diesem Sinne ist die Marktwirtschaft ein Konfliktmodell. Dabei bleiben häufig überindividuelle Ziele des Gemeinwohls auf der Strecke. Zusammenarbeit muß mühselig organisiert werden, sie ist nicht systembildender Teil.

Das Lean Management verhindert einerseits die Nachteile von Großorganisationen (von bürokratisierten Konzernen bis hin zur gesamten gelenkten Volkswirtschaft) und reduziert andererseits den Egoismus, indem unterschiedliche Funktionen, Fähigkeiten und Voraussetzungen trotzdem erfolgreich in der *Gesamt*gruppe zusammenwirken.

Zusammenfassung

Das klassische mbo geht von Zielvereinbarungen zwischen Chef und einem Mitarbeiter aus. Der neue (?) Lean-Management-Ansatz ersetzt den einzelnen Mitarbeiter durch die Gruppe. Die Folge ist, daß Ablaufkritik (also während des Arbeitsprozesses in Richtung auf das Ziel) von der Gruppe selbst geleistet wird, die Kritik durch den Chef wird allein eine Kritik des Ergebnisses der Gesamtgruppe sein können. Ein Großteil der heute alltäglichen Kritikgründe für einen Chef (siehe Abschnitt 2) wird auf die Gruppe übertragen. Der Chef wird stärker in seiner Rolle als Moderator, Schlichter, Organisator für die Belange der Gruppe gegenüber anderen Gruppen und nach oben sowie als Personalentwickler gefordert.

1.3 Kontrollgespräche

Das „mbo" als aktuell am meisten akzeptiertes Führungssystem baut darauf auf, daß der jeweilige Vorgesetzte mit dem Mitarbeiter (oder dem Team beim Lean-Management-Ansatz) seinen Voraussetzungen und Fähigkeiten entsprechend Ziele vereinbart und ihm den Weg zur Erreichung des Zieles soweit wie möglich freistellt. Je nach Situation werden Zwischenziele vereinbart, die gleichzeitig Kontrollschritte darstellen. Zu jedem Zwischenzielzeitpunkt finden Kontrollgespräche statt.

Wovon hängt die Anzahl der Zwischenziele = Kontrollschritte ab?

1. Art der Aufgabe

Eine *langfristige* Aufgabe erfordert schon aus Gründen des Bedürfnisses nach Zugehörigkeit die Vereinbarung von Zwischenzielen. Selbst wenn es von den Mitarbeitervoraussetzungen her *möglich* wäre, ist es doch nicht *richtig,* zu sagen: „Also, alles klar, Herr Müller, wir sehen uns in drei Jahren wieder."

Brisante Aufgaben erfordern engere Kontrollschritte, da zu große Zielabweichungen unwiederbringliche Schäden verursachen können. Die Brisanz kann sich sachlich oder auch zeitlich darstellen. Wird die Anzahl der Zwischenziele zu groß, geht das „mbo" über in ein Führen über Anweisungen. Es gilt die Regel, so wenig Kontrolle wie nötig zu vereinbaren. Ziel ist, die Anzahl der Kontrollen zu reduzieren. Instrument dazu ist das Fördergespräch (→ Fördergespräch).

Abhängigkeit anderer. Wenn Schnittstellen zwangsläufig sind, muß sichergestellt sein, daß nach festen Zeitabschnitten bestimmte Zwischenziele erreicht sind.

2. Voraussetzungen des Mitarbeiters

Bei den Voraussetzungen des Mitarbeiters setzt das im nächsten Abschnitt dargestellte Fördergespräch an. Je besser der Mitarbeiter *befähigt* wird, seine Aufgaben eigenständig zu erreichen bzw. komplexere Aufgaben zu übernehmen, desto geringer ist der Bedarf an Kontrollschritten.

Die *Erfahrung* bei der Zielerreichung ist bestimmend für die Häufigkeit von Zwischenzielen. Bei reinen Routinetätigkeiten beispielsweise, die ein Mitarbeiter seit Jahren erfolgreich wahrnimmt, sind weniger Kontrollschritte notwendig, als bei Aufgaben, die ein Mitarbeiter ganz neu übernimmt.

Die *Fachkompetenz des Mitarbeiters* kann ebenfalls für die Kontrollabschnitte bestimmend sein. So wird man z. B. jemanden, der einen Meisterabschluß oder Bilanzbuchhalterabschluß hat, erst einmal „machen" lassen, im Unterschied zu Aushilfskräften ohne jede Berufsausbildung.

Auch die *soziale Kompetenz* kann Zwischenziele erfordern, weil das Erreichen eines

Ziels (Teilziels) davon abhängig sein kann: Führungsaufgaben des Mitarbeiters, Verhandlungen mit Behörden, Lieferanten, Kollegen, Darstellung nach außen etc.

3. Voraussetzung des Chefs
Vertrauen ist gut, Kontrolle ist besser! Was meinen Sie?

Vertrauen
Wer nach dem oben zitierten Motto führt, wird im Zweifelsfalle mehr Kontrollschritte vereinbaren müssen. Er wird dadurch tendenziell immer mehr kontrollieren, denn wenn es einmal gut gegangen ist, ist das ja noch kein Beweis dafür, daß es auch das nächste Mal wieder gutgehen wird. Vielleicht wäre es daher besser zu sagen:

Vertrauen ist gut, Kontrollen bringen den Beweis, daß das Vertrauen gerechtfertigt war.

Wer nicht vertraut, kann nicht delegieren!

Selbstvertrauen
Zu wenig Vertrauen ist häufig auch ein Ausfluß von mangelndem Selbstvertrauen: Ich habe Angst, daß der kleinste Fehler meine Position gefährden könnte und kontrolliere daher häufig und sehr streng, damit mir auch ja nichts vorgeworfen werden kann. Führungskräfte mit einer derartigen Einstellung haben nicht begriffen, daß Fehler Orientierungshilfen sind. Das Motto in diesem Zusammenhang könnte lauten:

Intelligente Menschen machen viele Fehler, Dumme machen immer wieder dieselben.

Zusammenfassung

Zwischenziele sind gleichzeitig Kontrollschritte. Die Anzahl der Kontrollen hängt sowohl von der Art der Aufgaben wie von den Voraussetzungen des Mitarbeiters ab. Bestimmend ist aber auch Vertrauensbereitschaft des Chefs gegenüber dem Mitarbeiter und Selbstvertrauen. Je mehr ich den Mitarbeiter fördere (siehe personale Definition von Führung), desto weniger Kontrollen können vereinbart werden. Ziel des mbo ist es, die Anzahl der Kontrollen zu reduzieren. Unverzichtbar ist in jedem Fall die Kontrolle zum Zeitpunkt der Endzielerreichung.

Kontrollen sind ein unverzichtbares Führungsmittel. Sie sind nicht unangenehm, peinlich oder ein Ausfluß von Mißtrauen, sondern im Gegenteil ein Instrument, über bestätigte Erfolge noch höhere Leistungen bzw. Motivation zu erreichen.

Kontrolle ist beim Erreichen jedes Zwischenzielzeitpunktes geboten, in jedem Fall nach dem Erreichen des vereinbarten Endziels. Kontrollgespräche werden je nach Ergebnis als Kritikgespräch oder als Anerkennungsgespräch stattfinden.

Wenn der Mitarbeiter das vereinbarte Zwischenziel in der vorgegebenen Zeit erreicht hat und das vereinbarte Maß eindeutig als erfüllt festgestellt wird, ist ein Anerkennungsgespräch hochgradig geeignet, um zu noch mehr Leistung zu motivieren.

Viele Führungskräfte nutzen nicht (oder nicht in ausreichendem Maße) die *Chancen zur Leistungssteigerung* ihrer Mitarbeiter mit Hilfe konsequent durchgeführter und zielorientiert angelegter Anerkennung einzelner. Sie neigen dazu, energisch einzugreifen, wenn etwas schiefläuft. Positive Ergebnisse aber werden als selbstverständlich („Dafür kriegt er ja sein Gehalt") angesehen.

Wer als Vorgesetzter von seinen Mitarbeitern eine Beurteilung seiner Führungsqualitäten in Form eines Fragebogens abfordert, bekommt mit höchster Wahrscheinlichkeit die Rückmeldung: zeigt zu wenig Anerkennung für geleistete Arbeit. Dahinter steht oft ein Erziehungsproblem[1].

Kritik und Anerkennung sind Ausprägungen der Kontrolle. Je nach Arbeitsergebnis wird also ein Kontrollgespräch als Kritikgespräch oder als Anerkennungsgespräch ablaufen. Viele Vorgesetzte begreifen nicht den Nutzen von Anerkennungsgesprächen.

Auch heute noch greifen viele Eltern bei ihren Erziehungsmaßnahmen mehr zum Mittel der Strafe als zu der Methode, durch positive Verstärkung ihre Kinder zu fördern: „Kannst du nicht einmal gerade sitzen?" oder „Hast du schon wieder eine fünf geschrieben?" etc.

Gerade bei Mitarbeitern, die längst die innere Kündigung vollzogen haben, ist es unverzichtbar, selbst kleinste Erfolge bei vereinbarten Minimalzielen entsprechend positiv zu verstärken.

Das Anerkennungsgespräch folgt prinzipiell den gleichen Regeln wie das Kritikgespräch, die später (6. Kapitel) noch ausführlich behandelt werden. Deshalb soll an dieser Stelle nur auf einige wichtige Prinzipien eingegangen werden.

Prinzipien der Anerkennung

– sofort und spontan
und nicht irgendwann bei Gelegenheit

---

[1] Ich habe in der eigenen Entwicklung zu wenig Anerkennung erlebt.

– *ausdrücklich*
und nicht stillschweigend nach dem Motto „Keine Kritik ist schon Anerkennung!"
– *konkret*
und nicht nur „Prima!", denn da weiß der Mitarbeiter ja nicht, was prima war und was zu wiederholen sich lohnt
– *angemessen*
und nicht überschwenglich (unglaubwürdig, peinlich), unterkühlt (man spürt, wie ungern ich das sage) und ständig (wird bedeutungslos)
– *nur in Ausnahmefällen vor anderen,*
weil es sonst leicht Neidgefühle gibt (die Anerkennung des anderen wird als Kritik an mir erlebt)
– *nicht über Dritte,*
weil das verzerrt werden kann und weil dieser z. B. durch andere Betonung den Mitarbeiter verärgern kann
– *nach Anerkennung, neue Zielvereinbarung,*
damit das höhere Leistungsniveau auch für die Zukunft gesichert wird

---

Zusammenfassung der letzten Seiten

Anerkennungs- und Kritikgespräche sind Ausprägungen von Kontrollgesprächen. Die Entwicklung des Mitarbeiters im Sinne höherer Leistungsfähigkeit wie auch seiner breiteren Einsetzbarkeit wird in hohem Maße unterstützt durch qualifizierte Anerkennung. Viele Chefs nutzen diese Chancen nicht. Wenn es gut gelaufen ist, brauche ich darüber nicht zu sprechen. Aber gerade dann ist dieses Gespräch erforderlich, denn der Mitarbeiter erlebt, wie wichtig der Chef sein Ergebnis nimmt.

An anderer Stelle wurde auf die Bedeutung der Sprache (siehe Kapitel 1.1.5) hingewiesen. Das gilt natürlich auch im Anerkennungsgespräch. Folgende Liste gibt Anregungen für Formulierungen.

Anerkennende Worte

Widmen Sie Ihren Mitarbeitern(-menschen) viel mehr bewundernd-anerkennende Worte. Sie selbst gewinnen dadurch Sympathien und steigern Ihre persönliche Kontakt-Fähigkeit.
„Ich staune immer wieder, wie Sie jedesmal ..."
„Das soll Ihnen erst mal einer nachmachen ..."
„Wie schaffen Sie das nur, daß Sie immer wieder ..."
„Ich wünsche, Herr ..., ich könnte so wie Sie ..."

„Donnerwetter, das findet man aber selten, daß jemand ..."
„Viele wären froh, wenn sie so wie Sie ..."
„Wir staunen immer wieder, wenn wir sehen, wie bei Ihnen ..."
„Was, daran können Sie sich noch so genau erinnern?"
„Also, Ihr Gedächtnis möchte ich haben, ..."
„Ich glaube, das macht Ihnen so leicht keiner nach ..."
„Ich beneide Sie immer wieder um Ihre ..."
„Da würden viele andere bestimmt gerne mit Ihnen tauschen ..."
„Das ist ja erstaunlich, was Sie so alles im Kopf haben müssen ..."
„Wie gut, daß Sie mich daran noch mal erinnert haben ..."
„Wenn Sie nicht gewesen wären, dann wäre ich aber schlecht dran gewesen mit meinem ..."
„Es ist ja wirklich bewundernswert, wie Sie wieder mal ..."
„Wie kommt das nur, daß Sie immer wieder ..."

Anerkennung und Kritik sind Ausprägungen des Kontrollgesprächs. Das Kontrollgespräch ist unverzichtbarer Teil eines Management-Systems im Sinne des mbo. Folgendes Schema verdeutlicht die Verknüpfung von qualifizierten Zielvereinbarungsgesprächen (siehe Abschnitt 1.2.3) mit Kritikgesprächen.

MbO-Kontrolle

Zielsetzung

Kritikgespräch

Anfangs-kontakt herstellen	kritik-würdigen Tatbestand darstellen	Mitarbeiter zu Wort kommen lassen	gemeinsam geklärten Tatbestand bewerten	Akzeptanz zu künftig vereinbartem Verhalten	grundsätz-liche Wert-schätzung aussprechen

Zielsetzung-Spalte:
- Erreichbar-keit
- zeitlich exakte Bestimmung
- Beschreibbarkeit quantitativ qualitativ
- Maßstab muß bekannt sein
- Folgen bei Erreichung/ Teilziel-Nichterrei-chung

Vertrauen ist gut, Kontrollen bringen den Beweis,
daß das Vertrauen gerechtgertigt war!

Die Wahrnehmung der Kontrolle ist auch und gerade dann wichtig, wenn der Chef bereits auf *anderem Wege* (z. B. Datenveränderung) mitbekommen hat, daß der Mitarbeiter erfolgreich war.

Wenn ein Zielvereinbarungsgespräch qualifiziert durchgeführt wurde, kann der ganze Erfolg für die weitere Arbeit zunichte gemacht werden, wenn der Kontrollpunkt vom Chef überhaupt nicht wahrgenommen wird. Der Mitarbeiter wartet, um zu zeigen, wie erfolgreich er war. Der Chef hat keine Lust. Die logische Folge: „Der kriegt ja nicht mal mit, was ich alles angekurbelt habe." Beim nächsten Mal, wenn das Ergebnis nicht erreicht wurde, z. B. Termine nicht eingehalten wurden, erlebt der Mitarbeiter handfest, daß das Nichterreichen von „eminenter" Bedeutung ist. Er fühlt sich zu unrecht angegriffen und wird entsprechende Abwehrmechanismen aufbauen. Die Vertrauensbasis zwischen Vorgesetztem und Mitarbeiter ist gefährdet, und wenn keine Korrektur erfolgt, ist konstruktive Führung nicht mehr möglich. Der gleiche Vorgesetzte, der diesen Fehler gemacht hat, wird an anderer Stelle sagen: „Ohne Druck geht es eben nicht!" Daß er selbst die Ursache durch verweigerte Anerkennung ist, wird er leider nicht zur Kenntnis nehmen.

Zusammenfassung

Das Kontrollgespräch ordnet sich in dem System des mbo ein. Je nach Ergebnis ist Anerkennung oder Kritik fällig. Erfolgreiche Mitarbeiter sind oft Mitarbeiter, die in ihren Stärken verstärkt werden, durchaus auch verbal. Wird Anerkennung nicht gewährt, ist Leistungsverweigerung oder Leistungsreduzierung wahrscheinlich. Das dann notwendige Kritikgespräch muß von dem Betroffenen als unfair erlebt werden. Richtige Kritik setzt also auch *richtige* Anerkennung bei Erfolgen voraus.

Kontrolle bezieht sich ausdrücklich nicht auf den Weg. Der Vorgesetzte muß es ertragen lernen, daß der Mitarbeiter unter Umständen anders vorgeht, als er es selbst gemacht hätte oder es als sinnvoll ansieht. Die Eignung eines Lösungsweges muß bewertet werden durch die Qualität der Zielerreichung. Das klingt sehr leicht, ist für viele Vorgesetzte aber sehr schwierig. Erinnert sei nur an das leidige Thema „Briefentwürfe" oder „Durchführung von Verhandlungen". Wer hat es nicht schon erlebt, daß in großer Runde Chef und Mitarbeiter gemeinsam auftreten und man abgesprochen hat – was durchaus sehr sinnvoll sein kann –, daß die Gesprächsführung beim Mitarbeiter liegt? Und wie läuft es tatsächlich? Vorher ist es leicht vereinbart.

Während der Verhandlung kennt jede Führungskraft das Gefühl, mit Gewalt an sich halten zu müssen, um nicht einzugreifen, weil das Vorgehen des Mitarbeiters als „ungeeignet" erscheint. Wie groß ist dann das Erstaunen, wenn der Versuchung einzugreifen erfolgreich widerstanden wurde, der Mitarbeiter also allein und selbständig handeln durfte und er auch prompt ein positives Ergebnis erbrachte.

Es führen viel Wege nach Rom – nicht nur der „Königs-Weg" des Chefs.

1.4 Sonstige Mitarbeitergespräche

Kritik- und Anerkennungsgespräche sind Ausprägung der Kontrollgespräche und damit Teil des „Werkzeugkastens" einer Führungskraft. Der vollständige Überblick wurde in Kapitel 1.1.3 dargestellt.

Eine Gesprächsart soll hier noch ausführlicher dargestellt werden, weil sie unmittelbare Auswirkung auf die Kritik hat.

Das „Mitarbeiter-" oder „Fördergespräch" (manchmal auch als „Jahresgespräch" bezeichnet; in Folge „Fördergespräch") bestimmt die Anzahl und Verteilung der Kontrollschritte (siehe oben). Das Fördergespräch qualifiziert den Mitarbeiter nach dem erfolgreichen Bewältigen aktueller Ziele oder nach festgelegten Zeitabschnitten und eröffnet ihm die Perspektiven, auch komplexere Aufgaben in höheren Positionen zu übernehmen. Es ist somit auch wichtiger Teil der Führung im Sinne einer personalen Definition (→ personale Definition) von Führung.

Das „Fördergespräch" wird häufig so genannt, weil das primäre Ziel in der Tat die Förderung des Mitarbeiters ist, nicht weil er per se schwach ist, sondern weil die Förderung der wichtigste Teil der Personalentwicklung ist.

Die manchmal verwendete Bezeichnung „Mitarbeitergespräch" resultiert daraus, daß in der Tat der Mitarbeiter selbst Gegenstand des Gesprächs ist. Der Begriff „Jahresgespräch" wird in Anlehnung an den Zirkazeitraum von einem Kalenderjahr zwischen zwei derartigen Gesprächen verwendet.

Der Kern des Fördergesprächs ist die gemeinsame Analyse der vergangenen Periode in bezug auf die Stärken und Schwächen des Mitarbeiters, um darauf aufbauend mit dem Mitarbeiter Maßnahmen zu vereinbaren, die seine Stärken ausbauen und (oder) seine Schwächen abbauen helfen. Das Gespräch ist wesentliches Instrument, um das Umfeld und die Ansatzpunkte für Kritik zu beeinflussen.

Es hat *nicht* die Kritik *aktueller* Zielabweichungen zum Gegenstand, sondern stellt im Prinzip die Zusammenfassung und konstruktive Auswertung *vieler* Kontrollgespräche in Richtung Mitarbeiterförderung dar.

41

Die Maßnahmenvereinbarung entspricht der bereits dargestellten Methode des Ziel-vereinbarungsgesprächs (siehe Abschnitt 1.2), wobei hier das Ziel nicht primär ein Unternehmensziel ist (wenn es auch Auswirkungen darauf hat), sondern die Entwicklung des Mitarbeiters.

Der Gesprächsaufbau soll durch folgenden Leitfaden verdeutlicht werden.

Gesprächsleitfaden: Fördergespräch/Jahresgespräch

1. Vorbereitung
   - geeignete *Atmosphäre* sicherstellen, störungsfrei, Kaffee etc.
   - geeigneten Zeitpunkt wählen (Offenheit des Mitarbeiters), Freiraum nach hinten, *genügend* Zeit (durchschnittliche Dauer 1,5 Std.)
   - Termin mit dem Mitarbeiter *vorher vereinbaren,* damit auch dieser sich vorbereiten kann
   - Informationen über den *persönlichen* Hintergrund des Mitarbeiters sammeln
   - Informationen über den *beruflichen* Hintergund des Mitarbeiters sammeln (Gehaltsentwicklung, bisherige Entwicklung, berufliche Voraussetzungen etc.)
   - Tätigkeit des Mitarbeiters im vergangenen Zeitraum i. b. a. seine Arbeitsergebnisse, Arbeitsverhalten und Führungsverhalten vergegenwärtigen
   - Soll-Vorstellung bzgl. der Stelle (Anforderungsprofil)

2. Aufwärmphase Gesprächsziel noch einmal ausdrücklich nennen: „Gemeinsame Analyse der vergangenen Periode i. b. a. die Stärken und Schwächen des Mitarbeiters, um daraus Maßnahmen zum Schwächenabbau und (oder) Stärkenausbau zu vereinbaren. Hinweis auf Vertraulichkeit!
   Hinweis auf genügend Zeit!
   Tasse Kaffee!

3. Gemeinsame Analyse der Stärken und Schwächen des Mitarbeiters in der vergangenen Periode
   - i. b. a. Stärken und Schwächen
   - i. b. a. Arbeitsergebnisse, Arbeitsverhalten und Führungsverhalten
   - ohne Bewertung
   - (evtl. i. b. a. die Zusammenarbeit mit dem Vorgesetzten selbst)

4. Bewertung der gemeinsam festgestellten Fakten in Hinsicht auf
  - die Anforderung an die Aufgabe
  - die Bedeutung für das Unternehmen
  - die Bedeutung für die Entwicklung des Mitarbeiters (bei deutlichen Schwächen auch deutliche Konsequenzen aufzeigen)

5. Hinterfragen der Motivationsstruktur des Mitarbeiters
  - Grad der Zufriedenheit mit der derzeitigen Position
  - Entwicklungswünsche und Entwicklungsvoraussetzungen
  - persönliche Vorlieben

6. Suche und Vereinbarung von konkreten Maßnahmen zum Ausbau von Stärken des Mitarbeiters bzw. zum Abbau seiner Schwächen, zeitlich eingegrenzt.
  - Maßnahmenvorschläge möglichst vom Mitarbeiter

7. Erstellung eines Maßnahmenprotokolls

8. Nächsten Gesprächstermin vereinbaren

9. Feedback für Gespräch erbitten („Wie war's?", „Wie haben Sie es gefunden?")

10. Dank für das Gespräch, Zufriedenheit, Gewißheit für weitere künftige Erfolge aufzeigen, Verabschiedung (mit Handschlag)

Zusammenfassung

Im Werkzeugkoffer der Führungsgespräche nimmt das Fördergespräch einen wichtigen Platz ein, da es Umfang und Ausrichtung der Kontrollgespräche beeinflußt. Das Fördergespräch qualifiziert den Mitarbeiter und reduziert damit bei konstanten Aufgaben die Notwendigkeit von Kritik. Der Mitarbeiter kann zunehmend selbst besser Unternehmensziele (auf seine Aufgabe konkretisiert) verfolgen. Das Fördergespräch faßt eine Reihe von Kontrollgesprächen zusammen in Form einer Analyse der Stärken und Schwächen des Mitarbeiters, um daraus geeignete Maßnahmen für die Mitarbeiterentwicklung abzuleiten. Die Vereinbarung dieser Maßnahmen folgt den Regeln des Zielvereinbarungsgesprächs.

Auswertung: Einstellungstest (siehe Seiten 10 bis 11)

Nun?

| Bei 10 bis 50 Punkten: | gleichen Sie dem Nadelöhr einer „dicken Stopfnadel" oder Ledernadel, durch das die Gruppenarbeit gut durchgeht. |

Bei 10 bis 50 Punkten: gleichen Sie dem Nadelöhr einer „dicken Stopfnadel" oder Ledernadel, durch das die Gruppenarbeit gut durchgeht.

Bei 50 bis 100 Punkten: gleichen Sie einer „normalen Nähnadel": Die Gruppenarbeit wird durch Ihren Führungsstil ein wenig „auf Vordermann gebracht".

Bei über 100 Punkten: gleichen Sie einer „sehr feinen Sticknadel", durch die sich die Gruppenarbeit schon pressen muß. Zu Ihrer Einstellung passen eher Einzel- als Gruppenentscheidungen.

Warum?

Was haben die Punktzahlen mit meiner Rolle als Vorgesetzter in einer Gruppe zu tun?

Eine Einstellung, die meint:
– einer müsse doch immer das letzte Wort haben

– private Dinge gehören nicht in den Betrieb

– zur Führung müsse man geboren sein

– wenn zu viele mitmischen, kommt eh' nichts raus usw.

paßt schlecht zu einer Führung, die:
– Mitarbeiter an Entscheidungen beteiligt

– nicht auf ihrer Vorgesetztenrolle besteht und

– sich auch um den Mitarbeiter als Person kümmert ...

Kapitelzusammenfassung

Das Kritikgespräch ist Teil der Führungsaufgaben jeder Führungskraft; es muß also, um *richtig* zu sein, erfolgreiche Führung unterstützen. Wenn man davon ausgeht, daß „Führen" heißt, Mitarbeiter im Sinne der Unternehmensziele zu beeinflussen und diesen Stellenwert ergänzt durch die Ausrichtung der Mitarbeiterent-

wicklung, mißt sich die Richtigkeit von Führung und damit auch von Kritik an dem Beitrag dazu.
Inwieweit leistet Kritik einen Beitrag zur Zielerreichung?

Je nach Führungsstil wird das Kritikgespräch in unterschiedlicher Sprachform ablaufen. Da sich die Beziehung zwischen Vorgesetztem und Mitarbeiter wesentlich durch die Sprache (einschließlich Körpersprache) gestaltet, hängt der Erfolg des Kritikgesprächs stark vom praktizierten Führungsstil ab.

Nur in einem konstruktiven Führungsstil mit hoher positiver Aufmerksamkeit für den Mitarbeiter und möglichst großer Selbstbestimmung bei der Aufgabenbewältigung leisten Kritikgespräche positive Beiträge zur Zielerreichung.

Weltweit wird derzeit das Führungssystem des MbOs (Management by objectives) am meisten angewendet. Kern ist, daß mit dem jeweiligen Mitarbeiter Ziele vereinbart werden, aber der Weg zur Zielerreichung dem Mitarbeiter soweit wie möglich freigestellt wird. Der Mitarbeiter trägt die Hauptverantwortung, die Ergebnisverantwortung verbleibt beim Vorgesetzten.
Um Mitarbeitermotivation aus erlebten Erfolgen zu erreichen, müssen Zielvereinbarungsgespräche sechs Bedingungen erfüllen:

● Die Akzeptanz für das Ziel muß bewirkt werden.
● Ziele müssen eindeutig definiert werden.
● Ziele müssen erreichbar (Rahmenbedingungen!) und realistisch sein.
● Ziele müssen zeitlich bestimmt sein.
● Der Maßstab muß bekannt und vereinbart sein.
● Die Folgen bei Ziel(Teilziel-)erreichung beziehungsweise Nichterreichung müssen klar sein.

Je nach Voraussetzung des Mitarbeiters (Fachkompetenz, Erfahrung, Sozialkompetenz) und nach Art der Aufgabe (Dringlichkeit, Brisanz) werden Zwischenziele vereinbart, die Kontrollschritte sind. Bei jedem Kontrollpunkt und zum Endzielzeitpunkt sind also im Ergebnis der Kontrolle Anerkennungs- oder Kritikgespräche erforderlich, wobei viele Führungskräfte zuwenig den leistungssteigernden Effekt qualifizierter Anerkennungsgespräche berücksichtigen.

Durch Delegation von Handlungsverantwortung werden nicht nur Leistungsbereitschaft und -fähigkeit des Mitarbeiters gesteigert, auch der Vorgesetzte selbst wird entlastet und gewinnt so Freiraum für seine eigentlichen Aufgaben. Erfolgreiche Delegation erfordert richtige Kritik- und Anerkennungsgespräche.

Das Fördergespräch als Zusammenfassung vieler Kontrollgespräche unterstützt den Mitarbeiter, immer größere Aufgaben eigenverantwortlich zu übernehmen. Auf der Basis einer gemeinsamen Stärken/Schwächen-Analyse eines vergangenen größeren Zeitraumes werden mit dem Mitarbeiter konkrete Leistungssteigerungen vereinbart, die es erlauben, immer größere Kontrollschritte zu setzen. Es beeinflußt damit direkt die Ansatzpunkte für Kritik.

2 Ansatzpunkte für Kritik

2.1 Ist Kritik berechtigt?
2.2 Ergebnisfehler, Zielabweichung
2.3 Verhaltensfehler
2.4 Führungsfehler
2.5 Kritik des Chefs
2.6 Kritik in der Gruppe
2.7 Kritikansatzpunkte reduzieren durch Information

Kurzbeschreibung

Kontrolle mit dem Ergebnis erfolgreicher Arbeit wurde im vorigen Abschnitt dargestellt (→ Anerkennung). Im folgenden wird es um das Gegenteil gehen, das Ist entspricht *nicht* dem Soll.

Vorausgesetzt wird, daß das *Zielvereinbarungsgespräch richtig* geführt wurde und auch Vorstellungen bzw. Grundsätze für den Weg existieren. Das große Konfliktthema in vielen Unternehmen, „die Un-Kritik" bedingt durch das nicht Vereinbaren oder nicht Aufdecken von Grundsätzen oder Normen, wird im dritten Abschnitt behandelt. Kritikansätze werden differenziert nach Arbeitsergebnissen, Verhaltensfehlern und mangelhaftem Führungsverhalten des Mitarbeiters.

Zwei Sonderfragestellungen sind
1. Kritik des Chefs und
2. Kritik durch die Gruppe
Am Abschluß dieses Abschnitts stehen Vorschläge, wie Kritikansatzpunkte abgebaut werden können, Kritik durch Maßnahmen im Vorfeld weniger bedeutsam wird.

→ *Welche realen Kritiksituationen kennen Sie?*
Lassen sich alle Ihnen bekannten Situationen in diesenAbschnitt einordnen?

2.1 Ist Kritik berechtigt?

Vor jedem Kritikgespräch muß die Selbstüberprüfung des Vorgesetzten stehen. Erfahrene Führungskräfte haben eine derartige Checkliste unbewußt im Kopf und sind fähig, ihre eigene Rolle kritisch zu sehen. Folgende Aufstellung ist ein Beispiel für eine derartige Checkliste.

47

Checkliste zur Selbstüberprüfung!

Habe ich ...
1. ... dem Mitarbeiter gesagt, was von ihm erwartet wird, welche Bedeutung seine Arbeit hat und welche Richtlinie er beachten muß?
2. ... die Voraussetzungen (Ausbildung, Mittel) geschaffen, damit er die gewünschte Leistung erbringen kann?
3. ... für ihn eine Aufgabe gewählt, die ihn zumutbar fordert und vor allem seinen Stärken angemessen ist?
4. ... dem Mitarbeiter Gelegenheit gegeben, sich zu der Zielsetzung zu äußern, eigene Vorschläge zu machen, und war ich auch bereit, seine Ideen anzuhören und – wenn möglich – zu verwirklichen?
5. ...dem Mitarbeiter gesagt, welche Unterstützung er von mir erwarten kann?
6. ...dem Mitarbeiter genügend Freiraum gewährt, damit er sich entfalten kann? (Oder setzt ihn zu starke Detailkontrolle unter Druck?)
7. ...mit ihm über mögliche Hindernisse bei seiner Leistung gesprochen?
8. ... genug getan, um den Kontakt zum Mitarbeiter optimal zu gestalten?
9. ...den Mitarbeiter ständig über alle aus seiner Sicht wichtigen Vorgänge informiert?
10. ... dem Mitarbeiter regelmäßig gesagt, wie ich seine Leistung einschätze, und habe ich dabei die positiven Aspekte stärker hervorgehoben als die negativen?

Wenn Sie bei einer oder mehreren Fragen nicht mit einem klaren „Ja" antworten können, sollten Sie prüfen, ob statt eines Kritikgesprächs nicht ein Problemlösungsgespräch sinnvoller wäre:

Checkliste Problemlösungsgespräch:
1. Was ist das genannte Problem?
2. Welche Lösungsvarianten gibt es?
3. Bewertung der Lösungsvarianten
4. Entscheidung
5. Vereinbarung der Kontrolle
6. Ausführung

2.2 Ergebnisfehler, Zielabweichungen

Aber auch, wenn der Chef alles richtig gemacht hat, kann es trotzdem schiefgehen. Das vereinbarte Gesamtergebnis liegt nicht vor, Termine werden nicht eingehalten, falsches Ergebnis, was ganz anderes gemacht, Rahmenbedingungen nicht beachtet usw.

Zielerreichungskontrolle findet statt zu allen Zwischenzielzeitpunkten und – besonders wichtig – zum vereinbarten Zeitpunkt der Zielerreichung. Wichtig ist, daß die vereinbarten Termine auch eingehalten werden. Ein zu frühes Abfordern der gewünschten Leistung muß den Mitarbeiter frustrieren, zumindest wenn dieses mit Kritik verbunden ist.

Wenn das Ergebnis nicht erreicht wurde, ist ein Kritikgespräch Folge der Kontrolle. Dem Mitarbeiter muß deutlich gemacht werden, daß und warum der Vorgesetzte unzureichende Ergebnisse nicht akzeptieren kann.

Die Arbeitsergebnisse können zum Beispiel differenziert werden nach:

- Zieldeckung   Entsprach das, was gemacht wurde auch dem, was gewünscht war?
- Fachliches Niveau   Welche Qualität hat das Arbeitsergebnis? Zum Beispiel Vollständigkeit, Fundiertheit, Flüssigkeit u. ä.
- Termineinhaltung   Wurden die vereinbarten Termine eingehalten?
- Ausführung   Ist das Arbeitsergebnis zum Beispiel sauber, ist es haltbar, belastbar?
- Quantität   Entspricht die erreichte Menge der gewünschten Menge, statt 8 % nur 2 % Ausschußreduzierung?

> Zielbezogene Kritik erfordert am wenigsten Fachkompetenz. Wenn Ergebnisse objektiv meßbar sind (Maßstab), hat der Chef wenig Verpflichtungen zur Erklärung, zu „Besser wissen".

Für den Vorgesetzten ist dieser Kritikansatzpunkt der leichteste, da hier die in der Regel höhere spezielle Fachkompetenz des Mitarbeiters bei der Diskussion keine Bedeutung hat. Ergebnisse kann auch ein Chef kritisieren, der ganz neu diese Aufgabe übernommen hat.

Zusammenfassung

Sowohl Endergebnisse als auch vereinbarte Zwischenziele sind Gegenstand von Kontrollgesprächen. Das entsprechende Kritikgespräch ist vereinbart und wird vom Mitarbeiter erwartet. Wenn keine Vereinbarungen getroffen wurden und auch andere wichtige Voraussetzungen nicht erfüllt sind (siehe Kapitel 3, „Un"-Kritik) ist eine Kritik der Arbeitsergebnisse letztlich unfair. Der Satz „Ich habe eigentlich erwartet, daß Sie sich darum kümmern!" deckt letztlich auf, daß hier Führungsmängel des Chefs vorliegen.

Eine Selbstüberprüfung mit dem Ergebnis von Versäumnissen des Chefs muß zu der Erkenntnis führen, daß ein Kritikgespräch nicht angemessen ist, sondern ein fachliches oder persönliches Problemlösungsgespräch sinnvoller ist. Bei geeignetem Führungsverhalten im Vorfeld ist Ergebniskritik der leichteste Ansatzpunkt für den Chef.

2.3 Verhaltensfehler

Aber was tun, wenn außerhalb der vereinbarten Kontrollpunkte erkennbar wird, daß der Mitarbeiter in die völlig falsche Richtung läuft?

Verhaltensfehler finden statt in Form der Nichtbeachtung von Grundsätzen oder dem Nichteinhalten vereinbarter Rahmenbedingungen. Wenn im Vorfeld weder über Grundsätze noch über Rahmenbedingungen gesprochen wurde, und ein Vorgehen des Mitarbeiters erregt den Zorn des Chefs, so ist trotzdem ein Kritikgespräch nicht angemessen. Der Chef muß hier erkennen, daß er den Mitarbeiter überschätzt hat oder sich selbst nicht klar genug ausgedrückt hat.

Zur Abgrenzung: Hier ist nicht die Situation gemeint, wenn durch externe Veränderungen oder Informationen, die der Mitarbeiter nicht hat, ein Eingreifen erforderlich ist.

Die Frage des Eingriffs, der Kritik während des Weges ist wesentlich schwieriger zu klären, als die Frage der Zielkritik.

Denn *einerseits* soll der Mitarbeiter Motivation und Entwicklung gewinnen durch die eigene Verantwortung, eigene Gestaltung, deshalb:

Lassen Sie Mitarbeiter sich frei entfalten

Fördern Sie die individuelle Gestaltungskraft der Mitarbeiter

Vereinbaren Sie das konkrete Ziel – lassen Sie aber den Weg frei!

Vorschriften – Anordnungen – Detailkontrolle, lfd. Beaufsichtigung
Zwang – Einengung hemmen die Leistungsfähigkeit –
behindern die freie persönliche Entfaltung

Ohnmacht   resultiert aus betrieblicher Einengung
– lähmt den Geist
– beeinträchtigt die Initiative
– hemmt den guten Willen

Geben Sie Mitarbeitern „ihren Aktionsbereich"

Achten Sie als Führungskraft darauf, daß nicht nebengeordnete Kollegen, Vorgesetzte und andere „Mitarbeiter"

– bremsend
– bevormundend
– besserwissend
– behindernd

die freie Entfaltung Ihrer Mitarbeiter beeinträchtigen!

Wahren Sie mit „persönlicher Zivilcourage" die Rechte und den Aktionsspielraum Ihrer Mitarbeiter.

Auf der *anderen* Seite aber kann man den Mitarbeiter nicht „ins Messer laufen" lassen; die objektive Gefährdung des Ergebnisses kann ich nicht zulassen.

51

Unternehmensgrundsätze, Bereichsgrundsätze (zum Beispiel Einkaufsrichtlinien) sind wichtige Voraussetzungen für Kritik im Verhaltensbereich. Je mehr Konsens über Grundsätze besteht, desto leichter ist Kritik konstruktiv möglich. Je weniger Vorstellungen darüber offengelegt und vereinbart werden, desto mehr wird Kritik ersetzt durch Willkür.

Wenn zum Beispiel der mir unterstellte Monteur keinen Helm trägt, kann ich nicht zu mir sagen: „Das ist sein Pech, wenn er einen Unfall erleidet!" Jeder kennt genügend Situationen, wo ein Eingriff, eine Kritik unverzichtbar ist. Wenn wichtige vereinbarte Grundsätze des Unternehmens verletzt werden, muß ich ebenfalls eingreifen. Gleichfalls, wenn vereinbarte Rahmenbedingungen nicht eingehalten werden.

Solche Grundsätze können zum Beispiel Aussagen sein zu:

- Zuverlässigkeit
- Teamverhalten
- Eigeninitiative
- Zeitplanung
- Loyalität

- Leistungsbereitschaft
- Informationsregeln
- Kostensensibilität
- Einsatzbereitschaft
- u. a.

Daß solche Grundsätze ausgefüllt sein müssen mit Konkretisierungen ist offensichtlich. Die alleinige Aussage zum Beispiel Zuverlässigkeit ist nicht kontrollierbar und bietet so keine Ansatzpunkte. Näher erläutert aber ergibt sich ein Bewertungsrahmen für Kritikgespräche im Verhaltensbereich.

Konsens über Grundsätze während der Zielerreichung ist wichtige Voraussetzung für die Motivation von Mitarbeitern. Wenn keine Grundsätze abgesprochen sind, aber trotzdem kritisiert wurde, ist damit eine Hauptursache für Demotivation, Frustration gegeben (→ „Un"-Kritik).

Derartige Verhaltenskriterien können nur dann Kritikgegenstand sein, wenn im Unternehmen Konsens darüber besteht oder zumindest darüber gesprochen wurde. Grundsätze sind in der Regel in der Unternehmensleitlinie festgehalten (Selbstdarstellung des Unternehmens, Ziele, Grundsätze, die bei der Zielerreichung zu beachten sind sowie die Führungsleitlinie).

Mißachtungen von Rahmenbedingungen sind zum Beispiel:

Kritik nicht eingehaltener Rahmenbedingungen ist leichter, je eindeutiger diese vereinbart wurden. Wurden nur vage oder keine Rahmenbedingungen vereinbart, ist Kritik nicht möglich. Das Gespräch wird Problemlösungsgespräch.

- Überschreitung von Kompetenzen
- Nichteinhaltung vereinbarter Budgets
- Nichtbeachtung von Schnittstellen
- Mißachten von formalen Rahmenbedingungen
- Ignorieren von Richtlinien
- Handeln gegen ausdrückliche Vorgaben

Kritik ist hier leicht, wenn die Rahmenbedingungen eindeutig vereinbart waren. Aber: möglichst *alle* Rahmenbedingungen gar noch schriftlich im Detail festlegen? Nein: Dann sind wir im Widerspruch zum ersten Punkt: freie Entfaltung des Mitarbeiters.

Also auch hier eine Gratwanderung, mit dem Maßstab, die Rahmenbedingungen *so frei wie möglich* zu belassen, wobei das eventuell erforderliche Kritikgespräch sicherlich nicht leichter wird.

Ein Beispiel, das für fast jedes Unternehmen gilt:
Welchen Preisspielraum hat ein Außendienstverkäufer eines Unternehmens?
Wenn keinerlei Spielraum besteht, ist das kundenindividuell orientierte Verkaufsgespräch zumindest erschwert.
Wenn volle Preiskompetenz besteht, können daran ganze Unternehmen pleitegehen, wenn die Verkäufer nicht genügend geschult sind, harte Preisverhandlungen zu führen und sie nicht bei dem Einwand „Zu teuer!" sofort einknicken und fragen: „Wieviel Rabatt wollen Sie?"

Das Kritikgespräch im Verhaltensbereich geht über in ein Problemlösungsgespräch, je weniger Grundsätze abgesprochen sind. Andererseits steigt der Spielraum zur freien Entfaltung, Kreativität, Motivation, je weniger starre Richtlinien bestehen.

Ein dritter Grund für Eingriffe im Verhaltensbereich entsteht durch Veränderungen *externer* Rahmenbedingungen. Es wäre absurd, einen Mitarbeiter weiter an dem Ziel: Ausweitung des Marktanteils für Videorekorder arbeiten zu lassen, wenn zwischenzeitlich das Unternehmen entschieden hat, diese Produktlinie einzustellen. Hier liegt aber kein Ansatzpunkt für ein Kritikgespräch vor, sondern auf der Basis neuer Informationen müssen neue Zielvereinbarungen getroffen werden.

Zusammenfassung

Kontrollen auf dem Weg – also außerhalb vereinbarter Zwischen- und Endziele – müssen die Ausnahme sein. Sie müssen auch in jedem Fall dem Mitarbeiter erklärt werden. Die Gründe für Eingriffe können zum einen im Nichtbeachten von vereinbarten oder stillschweigend vorausgesetzten Grundsätzen sein (jeder kennt die Konflikte, wenn Kompetenzen nicht eindeutig geklärt sind), zum anderen der Verstoß gegen vereinbarte Rahmenbedingungen. Der dritte Grund für den Eingriff – nicht für Kritikgespräche – ist die Veränderung externer Bedingungen, die dem Mitarbeiter (noch) nicht bekannt sind und das weitere Arbeiten des Mitarbeiters an dem Ziel sinnlos machen.

Wenn sich *aus der Kenntnis des Mitarbeiters* neue Umstände ergeben, die für ihn ein Weiterverfolgen des von ihm gewählten Weges sinnlos oder unmöglich machen, ist dazu der Vorgesetzte unmittelbar zu informieren.

Der Umgang mit derartigen Situationen sollte sinnvollerweise als Grundsatz geregelt sein. Wenn eine so geregelte Information *nicht zeitnah* erfolgt, liegt ein wichtiger Ansatzpunkt für ein Kritikgespräch im Verhaltensbereich vor. Gleiches gilt für vertuschte Fehler.

*Verhaltens*ziele werden üblicherweise in drei Zielbereiche aufgeteilt
1. Kognitiver Beich
   = erinnern und abrufen können von Wissen, Dinge kennen
2. Affektiver Bereich
   = Einstellung, Werturteile, Gefühle
3. Psychomotorischer Bereich
   = Körperliche Fertigkeiten, zum Beispiel Beherrschen der Körpersprache in Kritiksituationen, Daten eingeben können; also eine Frage des Könnens

Verhaltensziele existieren im
– kognitiven
– affektiven
– psychomotorischen Bereich

Kennen Sie Änderungsziele im Verhaltensbereich ihrer Mitarbeiter?

Tragen Sie sie in folgende Tabelle ein

kognitive Verhaltensziele	
affektive Verhaltensziele	
psychomotorische Verhaltensziele	

Kritik im Verhaltensbereich darf nicht pauschal ablaufen. Es müssen Maßstäbe in Form beobachtbarens Verhaltens vereinbart worden sein.	Bei den *gewünschten* Verhaltensveränderungen muß es sich – wenn die Kontrolle (also auch Kritik) wirksam sein soll – um *beobachtbares* Verhalten handeln.

Wenn ein Chef sagt: „Herr Krause ist ein fauler Mitarbeiter!", so muß sich diese Einschätzung auf Verhaltensbeobachtungen beziehen:
● er macht nie Überstunden,
● er steht nur herum, ist nie in Bewegung,
● alle Vorgänge bleiben bei ihm länger als 3 Tage liegen.

Wenn eine Verhaltenskorrektur erfolgen soll, ist es nicht ausreichend, zu sagen, Herr Krause muß fleißiger werden, sondern es müssen die *Verhaltensweisen* vereinbart werden, die bei der Zielerreichung – also auf dem Weg – als verändert gefordert werden. Erst dann ist Kritik möglich.

Folgendes Beispiel (nach Löhner, Michael) illustriert diesen Zusammenhang.

Zur Ermittlung des Änderungsbedarfs begleiten Sie Herrn B., Verkäufer im Außendienst.

Die anfänglichen Hemmungen des Herrn B. sind nach den ersten Stunden überwunden. Er verhält sich jetzt unverkrampft im Kundengespräch.

Beim Besuch eines mittelgroßen Einzelhandelsgeschäftes fragt der Besitzer nach dem Preis Ihres Produktes X bei der Abnahme einer großen Menge.

Herr B. nennt nach kurzem Zögern eine Zahl, die den Kunden erstaunt. Ihm scheint der angegebene Preis entschieden zu hoch, im Verhältnis zur üblichen Abnahmemenge.

Herr B. bestätigt jedoch nochmals den genannten Preis und kramt lachend in seiner Reisetasche mit der Bemerkung: „Ich kann's Ihnen ja schwarz auf weiß zeigen, wenn Sie mir so nicht glauben wollen."

Der Kunde nickt und wartet. Herr B. hat offensichtlich Schwierigkeiten, die Preisliste zu finden. Er wühlt weiter in seiner Tasche und murmelt dabei etwas vor sich hin. Der Kunde räuspert sich und schaut Sie an.

Schließlich nimmt Herr B. sämtliche Unterlagen aus seiner Tasche heraus und sortiert sie mit einer scherzhaften Bemerkung über seinen Ordnungssinn. Doch die Preisliste für das Produkt X ist nicht zu finden.

Herr B. entschuldigt sich beim Kunden und verspricht, ihm so schnell wie möglich ein schriftliches Angebot zu schicken. Der Kunde bedankt sich.

Bei der anschließenden Prüfung der Preise in der Verkaufsabteilung Ihres Unternehmens stellen Sie fest, daß die Angaben des Herrn B. tatsächlich falsch waren.

Prüfen Sie nach dem Schema: kognitive Verhaltensziele, affektive Verhaltensziele, psychomotorische Verhaltensziele, welche Verhaltensänderungen hier durch ein Kritikgespräch bewirkt werden könnten.

Zusammenfassung

Die Korrektur von Verhaltensfehlern, also Kontrolle während des Weges, kann sich auf drei Verhaltensbereiche beziehen: den kognitiven Bereich, den affektiven Bereich und den psychomotorischen Bereich. Bei allen drei Zielkategorien darf die Vereinbarung nicht im nebulösen bleiben („Werden sie zuverlässiger!"), sondern muß sich an beobachtbaren Kriterien orientieren. Nur dann ist Kritik bei Fehlverhalten möglich.

2.4 Führungsfehler

Oft ist der Mitarbeiter auch seinerseits Führungskraft. Dann kommt als dritter Kritikansatzpunkt *sein* Führungsverhalten dazu.

Generell gelten alle Verhaltensweisen als Ansatzpunkte für Kritik, die die Mitarbeiter dieses „Mitarbeiters" nicht zu optimalem Einsatz in Richtung der Unternehmensziele führen: sowohl zur Erreichung bestehender Ziele als auch für weitere Ziele in der Folge der Entwicklung der Mitarbeiter.

Als Grobraster für diese Kontrolle dient folgende Differenzierung:

1. Seine Fähigkeit zur Führung nach Zielvereinbarungen
2. Seine Fähigkeit zur Information und Kommunikation
3. Seine Fähigkeit zur Teambildung, zur Förderung der Zusammenarbeit
4. Seine Fähigkeit zur Delegation und Kontrolle
5. Seine Fähigkeit, Mitarbeiter zu entwickeln

Die Führungsverantwortung muß klar zugeordnet sein – eine Voraussetzung, die in vielen kleinen und mittleren Unternehmen nicht sichergestellt ist.

Eine Führungsleitlinie beschreibt die entsprechenden möglichen Kritikansatzpunkte im einzelnen.

Verwenden Sie als Maßstab auch das von Ihnen ausgefüllte Führungsfähigkeits-Profil (siehe Seite 4).

Ein Hauptproblem der Kritik des Führungsverhaltens ist die Objektivierung. Wenn der Mitarbeiter „A" seine Informationen beschränkt auf Berichte seines Mitarbeiters „B", so kann dieses Bild völlig von der erlebten Realität der Mitarbeiter „C" dieses „B" abweichen.

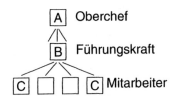

Der Punkt der direkten Befragung erst in zweiter Linie unterstellter Mitarbeiter an dem Vorgesetzten dieser Mitarbeiter vorbei ist heikel aber letztlich unverzichtbar.

Einige Regeln sollten allerdings beachtet werden:

1. Anweisungen oder Kritik an dem direkten Chef vorbei stehen im Widerspruch zu dessen Führungsverantwortung diesen Mitarbeitern gegenüber. Sie werden in der Folge zur Umgehung dieses Chefs führen.
2. Keine geschickte Lenkung dieses Mitarbeiters, zum Beispiel durch rhetorische Fragen: „Sie sind doch auch der Meinung, daß Herr Müller nicht genügend informiert?"
3. Jegliche Bewertung von Aussagen über den direkten Chef sind zu vermeiden.
4. Wenn Mitarbeiter an ihrem Chef vorbei zum Oberchef mit Beschwerden kommen, sollte hinterfragt werden, ob der direkte Vorgesetzte darauf angesprochen wurde; falls nicht, ist der Mitarbeiter zurückzuweisen.

Drei wichtige Punkte bei hierarchie-übergreifender Kritik
- nur wenn Gefahr in Verzuge ist
- der direkte Vorgesetzte muß unmittelbar informiert werden
- Sanktionen müssen von dem direkten Vorgesetzten ausgesprochen werden

---

5. Wenn glaubhaft ist, daß für diesen Mitarbeiter ein Gespräch mit seinem Chef nicht möglich oder zumutbar ist, sind die Informationen ohne Bewertung aufzunehmen. Der direkte Chef wird darauf angesprochen.
6. Gegenüberstellungen sind *nicht* hilfreich
7. Ganz fatal wäre es, wenn allein aufgrund von Beschwerden der Mitarbeiter Chefs aus ihrer Funktion entfernt oder sogar entlassen werden.

So etwas spricht sich schnell herum, und ab sofort sind alle Chefs erpreßbar. Kritik und Kontrolle sind nicht mehr konstruktiv, sondern dienen „Friede, Freude, Eierkuchen". Entwicklungen finden nicht mehr statt.

Generell gilt auch beim Kritikansatzpunkt: Führungsverhalten des Mitarbeiters: Je präziser im Vorfeld Konsens hergestellt wurde über gewünschtes Führungsverhalten und die gewünschten Maßstäbe (also: beobachtbares Verhalten wie zum Beispiel vereinbarte Maßnahmen zur Mitarbeiterentwicklung), desto leichter ist Kritik.

Die Kontrolle und mögliche Kritik der Führungsfähigkeit der unterstellten Mitarbeiter ist deshalb besonders schwierig, weil die Information sehr subjektiv gefärbt und begrenzt ist. Ein „Aushorchen" der in zweiter Linie unterstellten Mitarbeiter ist genauso falsch, wie das alleinige Vertrauen auf die Aussagen des direkt unterstellten Mitarbeites.

Bisher wurden nur Fehler beschrieben in Form der unzureichenden Wahrnehmung von Führungsaufgaben. Gerade in mittleren und unteren Führungsetagen muß die Kritik noch viel weiter gehen, dort wird nämlich häufig überhaupt nicht geführt. Die Folgen sind in Abschnitt 1.2.4 dargestellt worden (→ Konsequenzen für den Chef)

Zusammenfassung

Der dritte Hauptansatzpunkt für Kritik ist mangelhaftes oder nicht vorhandenes Führungsverhalten. Um Kritik zu begründen, müssen im Vorfeld Vereinbarungen getroffen werden, wie die *gewünschte* Führung aussehen soll. Diese Vereinbarungen können einmal in individuellen detaillierten Richtlinien direkt zwischen Chef und Mitarbeiter stehen; sinnvollerweise aber – wenn im Gesamtunternehmen ein einheitliches Verständnis für Führung bestehen soll – in Form vereinbarter Führungsleitlinien. Kritik bei nicht Beachten der Leitlinie ist dann möglich und sinnvoll.

Die Kontrolle über Nachforschungen an diesem Mitarbeiter vorbei bis in die nächste Hierarchiestufe ist problematisch und muß sich prinzipiell auf Zuhören beschränken. Gleiches gilt für Beschwerden am Chef vorbei direkt an den Oberchef. Wenn hier nicht aufgepaßt wird, können die Parteien sich gegenseitig ausspielen. Auf jeden Fall wird der Mitarbeiter als Führungskraft dann demontiert – und das geht sehr schnell.

2.5 Kritik des Chefs

Der Chef als Kritikansatzpunkt für den Mitarbeiter scheint in vielen Firmen nicht zu existieren. Entweder sind Chefs anscheinend unfehlbar oder man spricht nicht darüber. Dabei können natürlich Chefs im Zusammenhang ihrer Führung genauso Fehler machen:

• Fehler im Bereich des Führungsstils
  (zum Beispiel Verletzung, Erniedrigung des Mitarbeiters, Kritik vor anderen, nicht Einhalten von Zusagen und anderes)

● Fehler im Bereich der Zielvereinbarung
(unzureichende oder zuviel Information, keine Information des Mitarbeiters über
wesentliche Änderungen von Rahmenbedingungen und Zielen während der Arbeit
des Mitarbeiters; Doppelvergabe von Aufgaben)

Kritik des Chefs muß von Chef und Mitarbeiter trainiert werden. Beide neigen sonst zu Überreaktionen.

● Fehler im Zusammenhang der Organisation (zum Beispiel Durchregieren, übertriebene Reglementierung durch Papierkrieg)

● Fehler im Bereich der Teambildung
(zum Beispiel Spaltung des Teams durch gezielte Desinformation, Lieblingskinder,
nicht vor der Gruppe stehen)

● Fehler im Bereich unzureichender Mitarbeiterförderung

● Fehler in fachlichen Bereichen
(zum Beispiel falsche Vorgaben für den Weg, Entscheidungsmängel, zu schwach
nach oben)

Generell sind derartige Fehlerkorrekturen Aufgabe des in der Hierarchie über dem
Chef stehenden Vorgesetzten. Auf die dabei bestehenden Schwierigkeiten wurde im
vorangegangenen Absatz hingewiesen; insbesondere in bezug auf Führungsfehler.

Aber manchmal gibt es ja darüber keinen Chef mehr (höchster Chef) – und manchmal
wird diese Aufgabe auch einfach nicht wahrgenommen.

Insofern bleibt dann nur noch Kritik von „unten". Ob derartige Fehler von Mitarbeitern kritisiert werden können oder sollen ist abhängig vom Führungsstil und damit der
Offenheit, dem Klima untereinander.

Wenn ein kollegialer Gesprächsstil auch über Hierarchiestufen hinweg gelebt wird,
sind auch Mitarbeiter fähig und bereit, ihre Bedürfnisse aufzudecken, Wünsche zu
nennen – aber auch in der Lage Grenzen zu akzeptieren, weil sie ja umfangreich informiert sind.

Ein Ablaufschema derartiger „Beschwerden" in Anlehnung an Sahm:
Personalführung I gibt eine Orientierung:

Anhören
den Mitarbeiter sich „aussprechen" lassen, nicht voreilig Stellung nehmen, die
eigene Kompetenz erwägen, aber nichts „abschieben"
verständnisvolles Zuhören hat schon manche Kritik entschärft

Prüfen
den Tatbestand klären, auch die Ansichten anderer Beteiligter hören,
versuchen, die eigentliche Ursache der Kritik zu finden
Prüfung des Sachverhalts führt oft schon zur Bereinigung des Konflikts

---

Handeln
... wenn Abhilfe möglich ist: die entsprechenden Maßnahmen ergreifen, den
Mitarbeiter davon unterrichten
... wenn Abhilfe z. Z. nicht möglich ist: die Gründe dafür erklären und die
Situation zu erleichtern versuchen
... wenn sich die Kritik als ungerechtfertigt erweist, dies erklären und die Einsicht
des Beschwerdeführers zu erreichen versuchen
sorgfältiges Verfolgen der Angelegenheit ist die beste Vorbeugung gegen weitere Kritik

---

Beobachten
feststellen, wie das Handeln gewirkt hat, prüfen, ob der Anlaß zur Kritik ausge-
räumt und der Mitarbeiter zufriedengestellt ist
... überlegen, wie solche und ähnliche Vorfälle künftig vermieden werden können.

Die Realität sieht oft anders aus.

Wie selbstverständlich wird zwar häufig gesagt: „Natürlich möchte ich auch Kritik
von meinen Mitarbeitern! Nun sagen Sie doch, was ihnen an mir nicht paßt!"

Es gibt Führungskräfte, die Mitarbeiter zur Kritik auffordern. Aber Vorsicht: Man muß lernen, damit umzugehen. Der Mitarbeiter kann sich hier leicht einen Feind fürs Leben schaffen. Führungsfähigkeit (→ Führungsfähigkeitsprofil) erfordert allerdings die Bereitschaft, auch Kritik des Mitarbeiters ertragen und akzeptieren zu können.

Und wenn der Mitarbeiter dann in diese Falle tappt, hat er sich oft einen Feind fürs Leben geschaffen. Mancher Chef ist vielleicht noch in der Lage, auf den Satz „Ja, wenn Sie mich schon fragen: Also Sie informieren schlecht!" sich zu verkneifen: „Das stimmt überhaupt nicht. Da müssen Sie sich selbst drum kümmern!" Aber er wird dieses nicht vergessen. Und irgendwann einmal kommt die große Revanche.

Das Fördergespräch ist eine geeignete Plattform, um auch als Chef Rückmeldungen über das eigene Verhalten zu bekommen. In den Führungsgrundsätzen vieler Unternehmen ist diese Kontrolle des Chefs vorgesehen. Eine derartige Gesprächsausrichtung im Zusammenhang der gemeinsamen Analyse von Stärken und Schwächen des Mitarbeiters mit dem Tenor: Wie beurteilen Sie als Mitarbeiter unsere Zusammenarbeit? Wie sehen Sie meine Rolle als Vorgesetzter? ist durchaus möglich und auch sinnvoll als Chance zur Korrektur in der Zukunft.

Wenn aber Führungskräfte derartiges nicht gewohnt sind, sollte mit dem Instrument: Beurteilung des Chefs durch die Mitarbeiter, zum Beispiel im Rahmen des Förderge-

Zusammenfassung

Auch Vorgesetzte machen Fehler und sind somit Ansatzpunkt für Kritik. Fehler können im Bereich der Fachkompetenz liegen. Dann ist es relativ leicht, diese durch den darüberstehenden Chef zu korrigieren, (was aber entfällt, wenn es keinen darüberstehenden Chef mehr gibt). Für den Oberchef wesentlich schwieriger ist die Korrektur von Fehlern in der Führungsaufgabe, da hier oft die erforderliche Information fehlt. Auf die Probleme von „Anschwärzern", Gerüchten, Ausspionieren wurde ausführlich hingewiesen.
Deshalb ist es durchaus sinnvoll, daß sich hier Kritik vom „Hauptleidtragenden", also vom Mitarbeiter, selbst äußert. Aber Vorsicht! Kritik des Chefs muß behutsam in beiderseitigem Dialog aufgebaut werden und ist Funktion der Offenheit, des Klimas in der gesamten Gruppe. In so einer Situation als Mitarbeiter einmal „den Dampf ablassen" kann nachhaltige negative Folgen für denselben haben. Wenn auch dieser Kritikansatzpunkt konstruktiv (richtig) bewältigt werden soll, muß er geübt sein.

sprächs, sehr vorsichtig umgegangen werden. Auch dieses Instrument sollte geübt sein und hängt vom generellen Klima ab.

Natürlich ist es eigentlich für die Entwicklung der sozialen Kompetenz des Vorgesetzten unverzichtbar, Rückmeldung zu erhalten. Diese Rückmeldung weicht aber ab von der bisher dargestellten Ausgangssituation für ein richtiges Kritikgespräch, da in aller Regel vorher keine Vereinbarung zwischen Chef und Mitarbeiter über das gewünschte Chef-Verhalten getroffen wurde. Es ist eine Situation analog zu der Kritik von Mitarbeiterverhalten, wenn vorher keine Vereinbarung getroffen wurde.

Wenn Kritik nicht vom Mitarbeiter selbst kommt, sollte sie gefordert werden. Die entsprechende Situation wird häufig als „Feedback"-Situation bezeichnet, die dazugehörigen Gesprächstechniken werden ausführlich in Abschitt 3 („Un-Kritik", insbesondere 3.4) behandelt. Ein Instrument, derartige Rückmeldungen ungefiltert und relativ offen zu erhalten, ist die Aufforderung der Mitarbeiter, anonym mit Hilfe eines Fragebogens derartige Informationen zu geben. Ein Beispiel für einen solchen Fragebogen steht auf den folgenden Seiten. Wichtig ist, daß die Fragebögen auch unbeaufsichtigt abgegeben werden können (zum Beispiel ein entsprechender Korb im Aufenthaltsraum). Die Anzahl der Mitabeiter sollte mindestens 5 betragen, da darunter aus der Bewertung heraus der Mitarbeiter zu leicht zu identifizieren ist. Bei der Auswertung muß der Chef dagegen ankämpfen, bei Negativ-Rückmeldungen seinen Instinkten („Wer war das? Das kann nur Meier gewesen sein!") zu folgen. Sinnvoll ist die Aussprache in einer Mitarbeiterbesprechung am Ergebnis aller *zusammengefaßten Fragebögen,* mit der Ausrichtung: „Was kann ich tun, um diese Mängel – die Sie dankenswerterweise aufgedeckt haben – zu beheben?"

Aber Achtung: Sie werden Überraschungen erleben! Aber auch positive …!

Fragebogen
zur
Beschreibung des Führungsverhaltens
(FBF)

Nachfolgend finden Sie eine Reihe von Aussagen über Führungsverhalten. Fragen Sie sich, inwieweit sie zutreffen für die Person, die Sie beschreiben wollen. Ihnen stehen dazu jeweils fünf Abstufungen zur Verfügung. Kreuzen Sie bitte die zutreffenden durch.

Beispiel:

Er legt Wert auf Einhaltung von Terminen

1	2	3	4	5

1. fast immer   2. häufig   3. manchmal
4. selten   5. fast nie

Wenn Sie der Ansicht sind, die betreffende Person lege häufig Wert auf die Einhaltung von Terminen, dann kreuzen sie die 2 durch.

Hinweise zum Ausfüllen des Bogens

1. Prüfen Sie bitte jede Aussage einzeln, ungeachtet der vorherigen Antworten. Es kommt *nicht darauf an, ein stimmiges Bild zu entwerfen!*

2. Denken Sie bei der Beantwortung an *konkrete* Erfahrungen.

3. Es geht *nicht nur* um das Verhalten der betreffenden Person *Ihnen gegenüber, sondern ebenso zu den übrigen Mitarbeitern.*

4. *Benutzen Sie die volle Skala.* Dazu sind die Extreme so abgefaßt („fast immer", „fast nie"), daß sie durchaus zutreffen können.

5. Manche Aussagen sind positiv, andere negativ formuliert. Der Grund dafür liegt darin, einheitliche positive oder negative *Antworttendenzen zu vermeiden.*

6. Kreuzen Sie bitte jede Frage an, auch wenn sie Ihnen nicht so ganz sinnvoll erscheint.

7. Im Anschluß an den Fragebogen ist Platz gelassen für Bemerkungen. Dort können Sie u. a. auch vermerken, was Ihnen am Fragebogen nicht gefällt.

	1	2	3	4	5
1. Er legt Wert auf Einhaltung von Terminen 1. fast nie 2. selten 3. manchmal 4. häufig 5. fast immer					
2. Er behandelt seine Mitarbeiter als gleichberechtigte Partner 1. sehr selten 2. selten 3. gelegentlich 4. häufig 5. oft					
3. Man findet schwer Zugang zu ihm 1. meistens 2. vielfach 3. hin und wieder 4. kaum 5. fast gar nicht					
4. In Gesprächen schafft es eine gelöste Stimmung 1. in fast keinem Gespräch 2. selten 3. hin und wieder 4. häufig 5. in fast allen Gesprächen					
5. Er setzt sich für seine Mitarbeiter ein 1. fast nie 2. selten 3. manchmal 4. häufig 5. fast immer					
6. Er versteht etwas von seinem Fach 1. sehr wenig 2. wenig 3. ein bißchen 4. viel 5. sehr viel					
7. Bei Kritik reagiert er verletzt 1. sehr häufig 2. häufig 3. manchmal 4. selten 5. sehr selten					
8. Er informiert über die wesentlichen Dinge 1. fast nie 2. selten 3. hin und wieder 4. häufig 5. fast immer					
9. Er zieht andere durch seine Aktivität mit 1. fast gar nicht 2. kaum 3. hin und wieder 4. häufig 5. sehr häufig					
10. Er sorgt dafür, daß seine Mitarbeiter klare Ziele (Aufgaben) haben 1. fast gar nicht 2. kaum 3. etwas 4. stark 5. sehr stark					
11. Er kümmert sich um die Arbeitsresultate, ohne sich in Einzelheiten zu mischen 1. fast gar nicht 2. wenig 3. gelegentlich 4. häufig 5. fast immer					

	1	2	3	4	5

12. Er ändert Arbeitsgebiete und Aufgaben, ohne es mit
seinen Mitarbeitern zu besprechen
  1. fast immer   2. häufig   3. gelegentlich
  4. selten   5. fast nie

13. Für alles und jedes gibt er schriftliche Regelungen
  1. fast immer   2. häufig   3. gelegentlich
  4. kaum   5. fast gar nicht

14. Er behält immer den Überblick
  1. fast nie   2. selten   3. manchmal
  4. häufig   5. fast immer

15. Er sagt anderen, was er denkt und fühlt
(ohne zu verletzen)
  1. fast gar nicht 2. kaum   3. hin und wieder
  4. häufig   5. in den meisten Fällen

16. Er sorgt für den reibungslosen Ablauf der Arbeit
  1. fast gar nicht 2. kaum   3. hin und wieder
  4. häufig   5. in den meisten Fällen

17. Er hört gut zu und geht auf die geschilderten
Probleme ein
  1. fast nie   2. selten   3. hin und wieder
  4. häufig   5. fast immer

18. Spannungen in der Gruppe (Abteilung) geht er aus
dem Wege
  1. fast immer   2. häufig   3. gelegentlich
  4. selten   5. fast nie

19. Er paßt Schwierigkeiten der Aufgabe den Fähigkeiten
des Mitarbeiters an
  1. fast gar nicht 2. kaum   3. hin und wieder
  4. vielfach   5. fast immer

20. Er greift in delegierte Aufgaben ein
  1. sehr oft   2. oft   3. hin und wieder
  4. selten   5. fast nie

21. Er regt andere zur Selbständigkeit an
  1. fast gar nicht 2. kaum   3. ein wenig
  4. stark   5. sehr stark

22. Er setzt sich für die gemeinsame Aufgabe ein
  1. fast gar nicht 2. kaum   3. ein wenig
  4. stark   5. sehr stark

	1	2	3	4	5

23. Er sorgt für reibungsfreie Arbeit seiner Gruppe
(Abteilung) mit anderen Gruppen (Abteilungen)
   1. fast nie   2. selten   3. hin und wieder
   4. häufig   5. fast immer

24. Wenn er Fehler entdeckt, spricht er sie offen an
   1. fast nie   2. selten   3. hin und wieder
   4. häufig   5. fast immer

25. Er zeigt Anerkennung für gute Arbeit
   1. fast nie   2. selten   3. hin und wieder
   4. häufig   5. fast immer

26. Er klammert sich an Vorschriften
   1. sehr stark   2. stark   3. wenig
   4. kaum   5. fast gar nicht

27. Er kehrt den Vorgesetzten heraus
   1. sehr oft   2. oft   3. gelegentlich
   4. kaum   5. sehr selten

28. Sein Umgang ist freundlich und umkehrbar (andere
können so zu ihm sprechen, wie er zu ihnen spricht)
   1. fast nie   2. selten   3. hin und wieder
   4. häufig   5. sehr selten

29. Er geht auf Anregungen seiner Mitarbeiter ein
   1. sehr selten   2. selten   3. gelegentlich
   4. häufig   5. in den meisten Fällen

30. Sein Denken und Handeln kreist um seine eigene
Person
   1. sehr stark   2. stark   3. ein wenig
   4. kaum   5. sehr wenig

31. Nach Auseinandersetzungen ist er nachtragend
   1. fast immer   2. häufig   3. hin und wieder
   4. selten   5. sehr selten

32. Er gibt Fehler und Schwächen zu
   1. sehr selten   2. selten   3. manchmal
   4. häufig   5. in den meisten Fällen

33. Er sagt klar seine Meinung, läßt sich aber auch
überzeugen
   1. fast nie   2. selten   3. manchmal
   4. häufig   5. fast immer

67

	1	2	3	4	5

34. Er kümmert sich um die Schwierigkeiten seiner
    Mitarbeiter
    1. fast nie   2. selten   3. manchmal
    4. häufig   5. fast immer
35. Seine Kritik ist pauschal und verletzend
    1. fast immer   2. häufig   3. hin und wieder
    4. selten   5. fast nie
36. Er kritisiert einen Mitarbeiter, wenn andere dabei
    sind
    1. fast immer   2. häufig   3. hin und wieder
    4. selten   5. fast nie
37. Jeder kann bei ihm machen, was er will
    1. sehr stark   2. stark   3. ein wenig
    4. kaum   5. sehr wenig
38. Er zeigt, wenn er sich ärgert, ohne andere zu
    verletzen
    1. fast gar nicht   2. kaum   3. hin und wieder
    4. häufig   5. fast immer
39. Alles muß bei ihm seinen geregelten Gang nehmen
    1. fast immer   2. häufig   3. hin und wieder
    4. kaum   5. fast gar nicht
40. Bei sachlichen Gegensätzen vermeidet er faule
    Kompromisse
    1. sehr wenig   2. wenig   3. etwas
    4. häufig   5. fast immer
41. Wichtige Entscheidungen trifft er gemeinsam mit
    seinen Mitarbeitern
    1. fast nie   2. selten   3. manchmal
    4. häufig   5. fast immer

2.6 Kritik in der Gruppe

Mitarbeiter kritisieren sich auch untereinander. Je besser eine Gruppe sich als Team eingespielt hat; je mehr jeder einzelne weiß, wie wichtig der andere für die Gesamtergebnisse und damit für ihn selbst ist, desto stärker korrigieren sich Kollegen gegenseitig – mehr oder wenig qualifiziert. Diese alltäglichen Hinweise untereinander sind wichtig, sollen hier aber nicht weiter behandelt werden. Diese Mechanismen zu fordern und zu fördern sind Teil der Führungsaufgabe: Teambildung durch den Chef.

Wenn das Unternehmen sich stärker ausrichtet in Richtung Lean Management, wird das Kritikgespräch als Führungsinstrument des Chefs immer stärker verlagert auf die Gruppe. Der Chef beschränkt sich im wesentlichen auf die Kritik nicht erreichter, aber vereinbarter Ergebnisse der Teamarbeit.

> Kritik in der Gruppe ist wesentlich schwieriger konstruktiv zu gestalten, als in der Vier-Augen-Situation. Die Abwehrmechanismen eines Kollegen, der vor der Gruppe vorgeführt wird, werden geradezu provoziert.

Die Fähigkeit zur Entgegennahme von Kritik *durch* die Gruppe wird stärker gefordert als in der Vier-Augen-Situation. Denn es ist noch schwerer, dieselbe zu ertragen und zu akzeptieren, wenn sie in großer Runde geäußert wird (was nicht sinnvoll ist, aber auch vorkommt). Aber selbst wenn ein Beauftragter der Gruppe den Kollegen kritisiert, wird immer eine stärkere emotionale Betroffenheit entstehen, da der Kollege weiß, daß alle hinter dieser Aussage stehen.

Die gleiche Problematik entsteht, wenn ein Chef vor der ganzen Gruppe kritisiert wird.

> Kritik in der Gruppe erfordert höchste soziale Kompetenz des Chefs.

Jeder Chef möge prüfen, was in ihm vorgeht, wenn ein Mitarbeiter zu ihm käme und würde sagen: „Chef, alle Kollegen haben mich beauftragt, Ihnen zu sagen, daß Sie zu wenig für die Interessen unserer Abteilung tun!" Es entstehen dann sehr leicht Angstgefühle vor „Aufruhr", „Palastrevolution".

Aber auch der umgekehrte Fall wird schwieriger. Kritik der Gruppenergebnisse heißt, daß ich als Chef mich mit der „Ausreden-Kreativität" *aller* auseinandersetzen muß, daß *alle* Gründe aus ihrem Spezialwissen herausfinden, warum es so nicht gehen konnte. Je konsequenter nach mbo-Prinzipien geführt wird, desto mehr kann der Chef derartige Diskussionen zurückweisen: „Das war alles Ihre Sache, meine Damen und Herren!"

Gerade die *Kritik* der Gruppe im Rahmen des Lean-Management-Ansatzes zeigt, warum dieses Modell für viele noch unvorstellbar ist. Wahrscheinlich ist häufig, daß sich die Gruppe als Gruppe *nicht* der Kritik stellt, sondern viel eher Schuldzuweisungen auf einzelne erfolgen („Das lag doch nur daran, daß Müller nicht mitgezogen hat!"), anschwärzen, Cliquenbildung, Anpassertum, Intrigen und ähnliches.

Die Gruppe wird auch weniger dafür kämpfen, selbst nur vorübergehend leistungsschwache Kollegen zu entwickeln, sondern versuchen – insbesondere wenn es um einen Prämientopf (Anerkennung) der Gruppe geht – sich von Schwächeren zu trennen. Die Einsicht in eigene Defizite wird durch „Selbstkritik" *erzwungen*. Gruppenstarke Mitglieder werden Gruppendruck auf Schwächere bewirken usw.

All dieses ist natürlich nicht gewollt im Sinne des Lean Managements. Die Gruppe soll sich konstruktiv selbst korrigieren und weiterentwickeln. Aber wenn das nicht durch entsprechende Kompetenz des Chefs gefordert, gefördert und vorgelebt wird, sind zumindest die Gefahren groß. Hier ist der Chef gefordert, Zusammenwirken und Zusammenverantwortung der Gruppe zu erreichen, was höhere Anforderungen an seine soziale Kompetenz stellt.

Zusammenfassung

Kritik im Zusammenhang der Gruppe hat drei Dimensionen
1. Kritik der Gruppenarbeitsergebnisse durch den Chef,
2. Kritik in der Gruppe untereinander bei Problemen auf dem Weg der Zielerreichung,
3. Kritik des Chefs durch die Gruppe.
Generell gilt, daß für alle drei Felder *richtige* Kritik im Unterschied zu der Vier-Augen-Situation wesentlich erschwert ist, weil die natürlichen Abwehrmechanismen gegenüber Kritik vor anderen oder durch viele andere erheblich ausgeprägter sind. Die Bewältigung derartiger Situationen erfordert höchste soziale Kompetenz der Führungskraft. Allein mit Fachkompetenz ist diese Aufgabe nicht zu meistern. Ein Hilfsmittel zur streßfreien Rückmeldung an den Chef durch die Gruppe ist der „Fragebogen zur Beurteilung des Führungsverhaltens".

2.7 Kritikansatzpunkte reduzieren durch Information

Je besser die Information zwischen Chef und Mitarbeiter (Mitarbeitern) in beiden
Richtungen funktioniert, desto weniger bestehen Ansatzpunkte für Kritik:
1. Information ermöglicht realistische Mitarbeiterziele
2. Information erleichtert den Weg zur Zielerreichung
3. Information entwickelt die Führungsfähigkeit von Mitarbeitern und Vorgesetzten

Insofern ist die Information eine der wichtigsten Führungsfunktionen. Objektive,
rechtzeitige, ausreichende und aufbereitete Information durch den Chef ist ein wesentliches Element der Führungsfähigkeit eines Vorgesetzten.
Alle Elemente der Zielvereinbarung basieren auf Informationen.

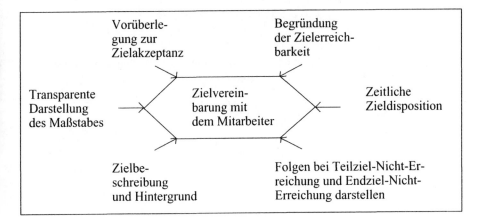

Besonders häufig wird der Zielhintergrund vergessen, dessen Kenntnis Voraussetzung
ist für das *Verständnis* der eigenen Arbeit.

Jeder Mensch hat eine natürlichen Sperrmechanismus gegenüber Arbeiten/Tätigkei-
ten, deren Zweck er nicht kennt/übersieht.

Daraus ergibt sich für Führungskräfte (als Selbstverständlichkeit) Mitarbeitern bei
– Vorhaben
– Zielen
– Anweisungen
den Sinn und Zweck des „zu tuenden" zu erklären.

71

❖ *Gutes Betriebsklima resultiert vorwiegend daraus, daß Mitarbeiter wissen warum sie was wofür tun.*

✶ Kennzeichen eines schlechten Betriebsklimas ist, daß qualifizierte Mitarbeiter Kraft – Energie – Zeit darauf verschwenden, um herauszufinden, „was sie wohl tun sollen" und „wozu" – anstatt es zu tun.

Durch Erklären von Sinn und Zweck werden Arbeiter
(Handlanger) zu Mitarbeitern.

Wenn wir anderen etwas mitteilen, teilen wir mit ihnen die Information!

Erlären: ● fördert das Verhältnis
erweitert den Blickwinkel/die Kenntnisse
schafft Leistungssteigerung/Initiative

Der Zusammenhang zwischen Information und Kritikansatzpunkten als Basis zur Motivation zeigt sich mit folgender Ablaufkette

Frustrationen verhindern durch Informationen

positiv	◄	Beziehung	►	negativ
ausreichend	◄	Information	►	ungenügend
geeignet	◄	Zielvereinbarung	►	ungeeignet
realistisch	◄	Erwartung	►	unrealistisch
Erfolg	◄	Ergebnis	►	Mißerfolg
Motivation	◄	Folge	►	Frustration

Information muß
– zureichend
– akzeptiert
– empfängerorientiert
sein

72

Je häufiger *Mißerfolge* kritisiert werden müssen, desto größer ist die Gefahr der Frustration.

Richtiges Kritisieren macht sich selbst auf Dauer überflüssig.	Wenn die Beziehung (→ Führungsstil) zwischen Chef und Mitarbeiter nicht gut ist, besteht wenig Bereitschaft zu umfassender Information.

Im Gegenteil: es werden Fehler vertuscht; utopische Forderungen gestellt, um überhaupt etwas genehmigt zu bekommen; Schwierigkeiten im Markt werden übertrieben; wenn der Chef da ist, wird „operative Hektik" demonstriert und ähnliches. Dementsprechend werden ungeeignete (überhöhte, zu geringe) Ziele vereinbart (oder vorgegeben oder einfach nur Anweisungen gemacht), was bei Chefs zwangsläufig zu unrealistischen Erwartungen führt. Folge sind Mißerfolge, die, wenn sie nur noch stattfinden, den Mitarbeiter in die Frustration (→ Frustration) treiben.

Insofern wird also auch das beste Kritikgespräch wenig nutzen, wenn die Information im Unternehmen mangelhaft ist. Für Motivation sind Erfolgserlebnisse – und zwar selbsterlebte Erfolgserlebnisse – unverzichtbar. Wenn die Kommunikation zwischen Chef und Mitarbeitern nur im Kritikbereich abläuft, kann sich keine positive Beziehung und Entwicklung aufbauen.

Kapitelzusammenfassung

Ehe ein Kritikgespräch richtig geführt werden kann, muß der Vorgesetzte prüfen, ob Kritik in der Situation berechtigt und angemessen ist.
Sind im Vorfeld alle Voraussetzungen für eine Zielvereinbarung erfüllt gewesen? Wie wurde die Motivationsaufgabe erfüllt? Wie sieht es mit der Mitarbeiterförderung aus?

Und selbst, wenn alle Bedingungen erfüllt wurden, kann es trotzdem zu Soll/Ist-Abweichungen kommen:
In bezug auf die Ergebnisse (Zwischenziel-, Endzielkontrolle).
In bezug auf das Verhalten des Mitarbeiters und bei entsprechender Voraussetzung.
In bezug auf sein Führungsverhalten.

Schwieriger als zielbezogene Kritik ist Kritik im Verhaltens- und Führungsbereich. Von entscheidender Bedeutung ist hier vor allem, ob im Vorfeld der Maßstab vereinbart war; also ob Grundsätze, Leitlinien für das gewünschte Arbeits- und Führungsverhalten bekannt und vereinbart waren – in der Praxis oft nur sehr unzureichend. Kritik im Verhaltensbereich setzt Maßstäbe in Form von beobachtbarem Verhalten voraus.

Das zweite gravierende Problem besteht darin, daß einerseits Vereinbarungen von Grundsätzen und Regeln im Vorfeld Voraussetzungen für Kritik sind, andererseits aber Motivation über eigene Erfolgserlebnisse möglichst hohe Eigenständigkeit und freie Entscheidungen für den richtigen Weg erfordern. Diese Gratwanderung muß jede Führungskraft ständig gehen. Sie wird um so leichter, um so mehr Mitarbeiter Grundsätze und Leitlinien als eigenes Interesse begreifen, was ein hohes Maß an Information voraussetzt.

Bei Führungsfehlern ist ebenfalls Information das Hauptproblem. Wenn an der Führungskraft Informationen über deren Führungsfähigkeit vorbeifließen, direkt an den nächst höheren Vorgesetzten oder von diesem direkt an dessen Mitarbeiter, können die Parteien sich leicht gegenseitig für egoistische Ziele mißbrauchen.

Die Kritik am Vorgesetzten durch die eigenen Mitarbeiter ist erforderlich zur Entwicklung der Führungsfähigkeit, ist aber in der Praxis oft heikel. Derartige Gespräche sollten geübt werden. Ein anonymer Fragebogen zum Führungsverhalten kann helfen. Besonders schwierig sind Kritikansatzpunkte in der Gruppe, durch die Gruppe, vor der Gruppe. Vorhandene Abwehrmechanismen erschweren hier den Erfolg.

Umfassende Information ist wesentliche Voraussetzung dafür, Kritik auf Dauer zu reduzieren. Im Rahmen eines konstruktiven Führungsstils wird die Beziehung zwischen Vorgesetztem und Mitarbeiter konstruktiv sein, was Grundvoraussetzung für geeignete wechselseitige Information ist. Diese wiederum ermöglicht geeignete Zielvereinbarung mit realistischen Erwartungen und daraus resultierend Erfolge. Erfolge ihrerseits steigern die Motivation, was zu besseren Ergebnissen führt.

3 „Un"-Kritik: unausgesprochene, unvereinbarte Kritik

3.1 Erscheingungsformen von „Un-"Kritik
3.2 Das Problem des Maßstabs (Urteil = Vorurteil)
3.3 Die unausgesprochene Erwartungshaltung
3.4 Kritik als Feedback-Situation
3.5 Die Referenzsitzung

Kurzbeschreibung

Problem vieler Menschen in Unternehmen, Ursache für Frustrationen, Konflikte, Ungerechtigkeiten sind nicht nur Fehler bei der Durchführung von Kritikgesprächen, sondern auch nicht aufgedeckte Säuernis, Ärger über Mitarbeiter oder das Ab(Ver-)urteilen von Mitarbeitern, ohne daß diese je erfahren, was sie falsch gemacht haben oder warum sie nicht mehr „in der Gunst des Herrn" stehen. Richtiges Kritisieren muß aber auch dieses Feld umfassen, denn sonst hindern Demotivation oder mangelhafte Mitarbeiterförderung den Stärken entsprechend die Optimierung der Unternehmensziele. Feedback-Technik und Referenzmeeting sind Führungsinstrumente, um „Un"-Kritik abzubauen.

Glauben Sie, daß Ihre Mitarbeiter in umfassender Weise wissen, was Sie von ihnen erwarten?

3.1 Erscheinungsformen von „Un"-Kritik

Die Erscheinungsformen von „Un"-Kritik sind vielfältig.
Am Schluß des Absatzes 3.1 befindet sich eine Checkliste zur Selbstüberprüfung.

- Am wirkungsvollsten sind körpersprachliche Abwehr- bzw. Ablehnungssignale. Mitarbeiter deuten solche Signale sehr sensibel, so zum Beispiel die Art und Weise, wie sie begrüßt werden. Sie wissen, ein bestimmter Blick signalisiert: „Ich bin sauer!" Eine Von-oben-herab-Behandlung spüren Mitarbeiter ebenso wie ein Desinteresse an ihrer Person. Eine entsprechende Mimik drückt sehr deutlich aus, was gedacht wird: „Das ist ja absoluter Unsinn, den Sie da verzapfen!"

Natürlich kann es sein, daß ein Vorgesetzter seine körpersprachlichen Signale (zum

Beispiel verkniffener Mund, nach oben gezogene Augenbrauen, kein Blickkontakt usw.) gar nicht zielgerichtet gegen den Angesprochenen eingesetzt hat. Aber jede Führungskraft muß bei ihren Interaktionen einkalkulieren, daß Mitarbeiter gerade nonverbale Signale auf sich beziehen und diese möglicherweise als versteckte (unberechtigte) Kritik deuten: „Was hat der Alte denn schon wieder?" oder „Was habe ich denn jetzt schon wieder falsch gemacht?"

> *Ich darf mich nicht wundern, wenn andere mich so behandeln, wie sie denken, daß ich zu ihnen stehe. Mit unserer Körpersprache prägen wir die emotionale Botschaft dem anderen gegenüber.*

Wir alle sind empfindsam und sehr empfänglich für körpersprachliche Signale unserer Mitmenschen (man kann dem Chef am Gesicht ansehen, wie sein Wochenende war), sind uns aber häufig überhaupt nicht dessen bewußt, daß wir selbst – ob gewollt oder ungewollt – entsprechende Wirkungen bei anderen verursachen.

Ein Mensch der kein Selbstbewußtsein hat, erkennt zwar sehr wohl die körpersprachlichen Signale, die jemand aussendet, macht sich aber die Wirkung eigener Gestik, Mimik, Haltung, des Blickes, der Tonlage nicht bewußt und kann sie nicht steuernd einsetzen.

→ *Was ist Selbstbewußtsein?*
Selbstbewußtsein heißt nicht „toller Typ, strahlendes Gebiß", sondern bedeutet: „Ich weiß um die Wirkung meiner Person auf andere, ich bin mir meiner *selbst bewußt,* ich kenne meine Stärken (zum Beispiel eine freundliche offene Haltung, ein suggestiver Blick) und ich weiß sie zielorientiert einzusetzen. Ich kenne aber auch meine Schwächen (zum Beispiel arroganter Blick, dominantes Gehabe mit Anwinkeln der Arme, Hände in die Hüfte etc.) und ich weiß, wie ich sie vermeiden kann."

Gerade dominant auftretende Vorgesetzte erfahren häufig niemals, daß sie von ihren Mitarbeitern als autoritär und überheblich angesehen werden. Und so kommt es, daß lediglich über die Körpersprache Kritikverhalten zum Ausdruck kommt, was mit Sicherheit nicht die richtige Methode der Interaktion ist. Der Mitarbeiter weiß nämlich oft gar nicht, was er falsch gemacht hat. Es findet auch keine neue Zielvereinbarung statt. Er wird verunsichert, agiert zögerlich und neigt sehr gerne zum Vertuschen von Fehlern, weil er Angst vor körpersprachlicher „Strafe" hat.

Wie man mehr über seine Wirkung auf andere erfahren kann, wird in Kapitel 3.4 ausführlich dargestellt.

Ähnlich zu bewerten ist die bei vielen Vorgesetzten immer wieder zu beobachtende Mißachtung dem Mitarbeiter gegenüber, der „böse" war: Entzug von Zuwendung, demonstratives Ausschließen von Besprechungen und bewußtes Zurückhalten von Informationen oder ähnliches. Derartige unausgesprochene Kritik durch den Vorgesetzten verschärft die oben genannten Nachteile. Die Flucht in die Frustration ist zwangsläufig vorgezeichnet. Eine Haltung nach dem Motto „Der soll ruhig merken, was er angestellt hat!" ist kein geeignetes Korrekturinstrument für ein sozialverantwortliches Management.

Es gibt Führungskräfte, die dieses Spiel, allerdings in negativer Hinsicht, perfektionieren, indem sie ihre Mitarbeiter ständigen Wechselbädern aussetzen. Erst wird für eine bestimmte Zeit der scheinbare Liebling des Chefs als leuchtendes Beispiel der Gruppe vorangestellt, um diesen dann ebenso demonstrativ vor der gesamten Gruppe Stück für Stück zu demontieren. Zuerst mäkelt man bei jeder Kleinigkeit an ihm herum, dann bemängelt man vor versammelter Mannschaft seine Leistungen und schließlich grenzt man ihn aus, indem man ihn bei Dienstreisen übergeht oder Konferenzen ohne ihn abhält etc. Diese Methode ist durchaus sehr wirkungsvoll: Das Kollegenteam spaltet sich und steht ständig unter Spannung. Keiner traut dem anderen, der Chef ist unangefochten an der Spitze die beherrschende Figur. Daß dieser miese Führungsstil nach dem Motto „divide et impera" („teile und herrsche") nicht zu optimalem Einsatz der Mitarbeiter im Sinne der Unternehmensziele führt, ist im ersten Kapitel (Führungsstil) bereits ausführlich dargestellt worden.

Eine ganz andere Form von „Un"-Kritik ist die Kritik *über Dritte*. Wer kennt nicht Führungskräfte, die sich bei Kollegen oder an höherer Stelle über ihre „dämlichen" Mitarbeiter beschweren, die wütend berichten, was der „Müller nicht wieder alles angestellt hat" und ähnliches. Wenn diese Kritik beim Dritten bleiben würde, wären die Folgen zwar auch negativ (die Zusammenarbeit des Dritten mit dem „Sündenbock" wird erschwert), sie blieben aber wenigstens begrenzt.

Leider bleibt aber in aller Regel ein solches Verhalten nicht ohne weitere Auswirkungen: Der Dritte neigt dazu, auf dem Wege des sich verbreitenden Gerüchtes derartige „Un"-Kritik zu transportieren, bis diese eines Tages (meist sehr schnell) den Sündenbock selbst erreicht, zumeist in verzerrter, überzogener und unqualifizierter Form. Daß derartige „Un"-Kritik keine konstruktive Korrektur beim eigentlichen Adressaten bewirkt, braucht nicht näher erläutert zu werden.

Genauso falsch ist es übrigens, einen Dritten zu „bitten", dem Sündenbock in aller Deutlichkeit klarzumachen, was er falsch gemacht hat.

Nachteile der Kritik, die über Dritte erfolgt:

1. Der Dritte verfälscht die Botschaft, er verschärft oder bagatellisiert die Kritik.
2. Der Dritte verwendet die Kritik, um den Sündenbock für seine eigenen Ziele einzuspannen.
3. Der Sündenbock wird den Chef als schwach empfinden: „Warum hat der mir das nicht selbst gesagt?"
4. Solidarisierung für oder gegen den so „Un"-Kritisierten (je nach Beliebtheit).

Eine Führungskraft, die (häufig aus Angst vor Kritikgesprächen) derartige Wege einschlägt, ist sich darüber nicht im klaren, daß sie sich mit diesem unreflektierten Verhalten Dritten ausliefert und so jeglicher Art von Intrige im Unternehmen Tür und Tor öffnet. Gewiß, das weiß leider jeder, Intrigen können auch einen gewissen Spaß bereiten, sie verhindern aber in jedem Falle ein effizientes Teamwork.

Zusammenfassung

Viele Vorgesetzte zeigen Verärgerung über Mitarbeitermängel über bewußte oder unbewußte körpersprachliche Strafe: bis hin zu „nicht mehr grüßen". Derartige Kritik ist ungeeignet, weil der Mitarbeiter nicht über seine Mängel aufgeklärt wird und vor allem keine neue Zielvereinbarung stattfindet. Ähnliche Mechanismen sind Mißachtung, Übersehen, Entzug von Kompetenzen oder die Kritik bei oder über Dritte – mit allen Problemen der Verfälschung, Intrige und Gruppenspaltung.

Ein weiterer Weg der „Un"-Kritik ist die nicht abgesprochene, nicht angemessene Kontrolle. Generell gilt:

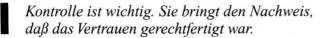

Kontrolle ist wichtig. Sie bringt den Nachweis, daß das Vertrauen gerechtfertigt war.

Aber Kontrolle kann auch als Strafinstrument eingesetzt werden:

Erscheinungsformen von Kontrolle als Strafe:
- nicht vereinbarte Kontrolle (unangemeldete Kontrolle, heimliche Kontrolle, z. B nach Dienstschluß heimlich im Schreibtisch des Mitarbeiters „nachsehen")
- vorzeitige Kontrolle
- Detailkontrolle
- mehr Kontrolle als bisher (engere Zwischenziele ohne Grund)
- Kontrolle über Beauftragte
- demonstratives Selbermachen
- schriftliche Regelungen und Anweisungen für jede Kleinigkeit

- Pauschalkritik ohne Ansprache des Kritikverursachers („Aus gegebenem Anlaß weisen wir darauf hin ...")
- Beschneidung von Kompetenzen (z. B. Verschärfung von Unterschriftenregelungen)

All das hat nichts mit richtiger Kritik zu tun, sondern bewirkt Gefühle der Erniedrigung, Verunsicherung, Angst, Wut, Resignation. Fehlervertuschung und demonstrative operative Hektik werden mit ziemlicher Sicherheit die Folgen sein statt gesteigerte Motivation der Mitarbeiter.

Checkliste „Un"-Kritik

Wo bin ich gefährdet?

- ☐ Körpersprachliche Abwehrsignale
- ☐ Nicht mehr grüßen, begrüßen
- ☐ Desinteresse, Verachtung
- ☐ Keinen Blickkontakt zulassen
- ☐ Dominanzgesten
- ☐ Abgewendete Körperhaltung
- ☐ Ungerechte Beschuldigungen
- ☐ Verkniffener Mund
- ☐ Augenbrauen nach oben ziehen
- ☐ Arroganter Blick
- ☐ Hände in die Hüfte
- ☐ Dominanzdaumen nach oben
- ☐ Zu große Distanz halten
- ☐ Nicht mehr die Hand geben
- ☐ Kopf schütteln

- ☐ Unangemessene, unausgesprochene Kontrolle
- ☐ Mißachtung
- ☐ Entzug von Zuwendungen
- ☐ Ausschließen von Informationen
- ☐ Ausschließen von Besprechungen
- ☐ Ständige „Wechselbäder"
- ☐ Entzug von Kompetenzen
- ☐ Keine Gesprächsbereitschaft
- ☐ Kritik bei Dritten
- ☐ Kritik über Dritte
- ☐ Persönliche Bevorzugung anderer
- ☐ Sich über den Mitarbeiter lustig machen
- ☐ Sarkasmus
- ☐ Während des Gesprächs andere Arbeiten beginnen

3.2 Das Problem des Maßstabs

Bei allen dargestellten Formen der „Un"-Kritik besteht der Kern des Problems darin, daß der Rahmen für die zu erbringende Leistung nicht eindeutig abgesprochen wurde. Der Vorgesetzte hat nicht deutlich gemacht, wie das gewünschte Ergebnis und das dementsprechende Verhalten aussehen soll.

Ein Test:

Vor langer Zeit hat sich folgende Geschichte zugetragen: Ein Prinz und eine Prinzessin lieben sich heiß und innig. Der Prinz lebt in einer Burg auf der einen Seite eines großen Flußes und die Prinzessin auf der anderen. Das ist lange Zeit kein Problem, denn es gibt eine große Brücke über den Fluß, so daß sich beide regelmäßig besuchen können. Doch wie das Schicksal es will, ein großes Unwetter führt zu Hochwasser, das große Teile der Brücke zerstört. Die Prinzessin ist verzweifelt. Was tun? Da fällt ihr der Brückenwärter ein. Sie eilt zu ihm und bittet: „Brückenwärter! Ich liebe den Prinzen heiß und innig, aber ich kann nicht über den Fluß, weil die Brücke kaputt ist. Du kennst die Brücke. Bitte bringe mich hinüber!

Darauf entgegnet der Brückenwärter: „Liebe Prinzessin, ich verstehe dein Problem. Aber der Übergang ist lebensgefährlich, und alles auf der Welt hat seinen Preis. Wenn du mir ein Schäferstündchen gewährst, bin ich bereit, dich über den Fluß zu bringen!" Die Prinzessin ist empört, schreit „Gemeiner Kerl!" und läuft davon.

Die Prinzessin sinnt und grübelt, wie sie es anstellen könne, über den Fluß zu kommen. Da fällt ihr ein, daß oben im Wald ein weiser Mann wohnt. Sie geht zu ihm und erbittet seinen Rat: „Weiser Mann! Ich liebe den Prinzen heiß und innig, aber ich kann nicht zu ihm gehen, weil die Brücke kaputt ist. Der Brückenwärter könnte mich über den Fluß bringen, aber er fordert, daß ich ihn für seine Hilfe mit einem Schäferstündchen belohne, und das will ich natürlich nicht. Was soll ich nun tun?" Darauf der weise Mann: „Mein Kind! Das ist eine schwierige Situation. Du kannst nur auf der Basis deiner eigenen Ziele und Wünsche selbst entscheiden!"

Die Prinzessin ist verzweifelt. Schließlich entscheidet sie sich schweren Herzens, dem Brückenwärter das Schäferstündchen zu gewähren. Als dieses stattfindet, beobachtet ein Kaufmann, der von der Beziehung zwischen Prinz und Prinzessin weiß, die beiden und hat nichts eiligeres zu tun, als zum Prinzen zu eilen und die Prinzessin anzuschwärzen: „Prinz, deine Prinzessin hat mit dem Brückenwärter ein Schäferstündchen!"

Als die Prinzessin mit Hilfe des Brückenwärters den Fluß überquert hat und mit den Worten „Geliebter Prinz, endlich bin ich bei dir!" in seine Arme sinken will, weist dieser sie barsch zurück: „Weiche von mir Treulose, ich will nie wieder etwas mit dir zu tun haben!"

Nun beurteilen Sie bitte alle Personen dieser Geschichte mit +, die sie positiv empfinden, und mit –, die sie negativ empfunden haben.

Nun:
Prinz   :
Prinzessin   :
Brückenwärter :
Weiser Mann   :
Kaufmann   :

Eigentlich können Sie diese Aufgabe gar nicht bewältigen, denn der Maßstab war nicht vereinbart worden, und es ergeben sich auch bei Ihnen ganz andere Bewertungen, je nachdem, ob Sie die Beurteilung nach Gesichtspunkten der Ehrlichkeit, der Raffinesse oder des Engagements, der Ehre, der Leidenschaft, der Treue usw. vorgenommen haben. Wenn z. B. der Maßstab „Geschäftstüchtigkeit" vereinbart gewesen wäre, hätten wir kein Problem mit der Bewertung, und der Brückenwärter würde sicherlich anders abschneiden.

Zusammenfassung

So wichtig Kontrolle mit der Konsequenz von Kritik- oder Anerkennungsgesprächen für die Unternehmens- und Mitarbeiterentwicklung ist, so sehr kann sie – falsch verwendet – zu Demotivation führen. Nicht vereinbarte, vorzeitige Kontrolle, Papierkrieg, Pauschalkontrolle und ähnliches bewirken Fehlervertuschung und Dienst nach Vorschrift. Falsche Kontrolle sowie andere Formen der Un-Kritik kranken oft daran, daß der Maßstab für das erwünschte Verhalten nicht aufgedeckt wurde. Wer aber Mitarbeiter beurteilt nach nicht abgesprochenen Maßstäben, urteilt letztlich über sich selbst.

3.3 Die unausgesprochene Erwartungshaltung

Urteile über Mitarbeiter können prinzipiell auf zwei völlig verschiedenen Wegen ablaufen:

Erster Weg: Mitarbeiter X hat im letzten Halbjahr die vereinbarten Ziele x, y, z zeitgemäß und auf hohem Niveau erreicht. Durch regelmäßige Besprechungen mit seinen Mitarbeitern hat X umfassend und geeignet seine Abteilung informiert. Er hat zusätzlich eine Sonderausbildung absolviert, um sich für höhere Aufgaben zu qualifizieren.

Zweiter Weg: Urteile eines Vorgesetzten, vorzugsweise gegenüber einem Dritten zum Ausdruck gebracht:

81

- Also, den X, den können Sie abhaken! Haben Sie mal gesehen, wie der Mann über die Flure schleicht? Dem kann man ja beim Gehen die Schuhe besohlen.
- Also den X können Sie abhaken, das ist ein Hektiker. Der rast ohne jeden Sinn und Verstand über die Flure, dem Mann fehlt die Gelassenheit.
- Den X können Sie abhaken, das ist so ein Kumpeltyp, der duzt sich mit allen Leuten, bei dem steht ständig die Tür offen.
- Den X können Sie abhaken, der kehrt immer den Chef heraus, bei dem ist immer die Tür zu, der hat keine Beziehung zu seiner Truppe.
- Den X können Sie abhaken, der macht ständig Überstunden, der Mann hat seine Arbeit nicht im Griff.
- Den X können Sie abhaken, der macht nie Überstunden, der will doch offensichtlich nicht weiterkommen.
- Den X können Sie abhaken. Haben Sie mal seinen Schreibtisch gesehen? Komplettes Chaos, da findet ja niemand mehr etwas! Der Mann hält keine Ordnung.
- Den X können Sie abhaken! Haben Sie mal seinen Schreibtisch gesehen? Der Mann tut doch nichts! Da fehlt nur noch die Bild-Zeitung! usw. usw.

→ *Welche Art von Beurteilungen kommen in der Realität vor?*
→ *Wozu neigen Sie?*

Der zweite Weg ist die geschilderte „Un"-Kritik, die leider in der Realität nicht selten vorkommt, was dazu führt, daß bestimmte Mitarbeiter niemals eine Chance zur Weiterentwicklung bekommen, ohne je in Erfahrung zu bringen, weshalb das so ist.

Solche Werturteile sind dem Vorgesetzten in der Regel nicht bewußt in dem Sinne, daß sie Urteile bzw. Vorurteile sind. Er kommt gar nicht auf die Idee, daß man diese Verhaltensweisen auch ganz anders sehen könnte.

Zusammenfassung

Jeder Mensch hat, anerzogen, Vorstellungen darüber, wie „man" zu sein hat, wie man sich kleidet, sich benimmt, arbeitet, geht usw. Diese Vorstellungen werden nur zu oft als Maßstab der Beurteilung anderer verwendet, ohne mit diesem darüber zu sprechen. Wir haben bestimmte Erwartungshaltungen gegenüber unseren Mitmenschen, so auch die Führungskraft gegenüber den Mitarbeitern. Diese werden oft aber nicht aufgedeckt, da der Vorgesetzte gar nicht auf die Idee kommt, daß man bestimmte Erscheinungsformen auch ganz anders sehen könnte. So bestehen Verhaltensweisen bei Mitarbeitern, die deren Entwicklung verhindern, ohne daß diese je erfahren, warum. Wichtiges Instrument für Vorgesetzte und Mitarbeiter ist das Feedback-Gespräch.

Eine Zielvereinbarung setzt Information voraus.
Oftmals wird fehlendes Wissen durch Wertung ersetzt.
Wer wertet, etikettiert! Wenn Information durch Wertung
ersetzt wird, ist der Mitarbeiter der Willkür
des Vorgesetzten ausgesetzt.

Der *erste Schritt* ist demnach, sich seiner eigenen Gefährdung in dieser Richtung bewußt zu sein. Denn natürlich tragen wir alle solch ein „Wertsystem" in uns, sind uns aber in aller Regel darüber nicht im klaren, daß auch der andere ein „Wertsystem" hat, das aber nicht unbedingt mit dem eigenen übereinstimmen muß.

Der *zweite Schritt* ist das Aufdecken und Ansprechen der eigenen Vorstellung.

Der *dritte Schritt* ist das Ansprechen insofern unerwünschter Verhaltensweisen.

Der *vierte Schritt* ist die Vereinbarung über das gewünschte Verhalten.

Im folgenden sollen zwei Techniken für ein erfolgreiches Beschreiten dieses Weges dargestellt werden:

3.4 Kritik als Feedback-Situation

Die Feedback-Technik ist eine Gesprächsform, anderen mehr darüber zu sagen, wie ich sie sehe bzw. damit umgehen zu können, mehr darüber zu erfahren, wie andere mich sehen. Feedback ist die einzig mögliche, sinnvolle Form von Kritik, wenn Verhaltensweisen festgestellt bzw. abgestellt werden müssen, über die vorher *nicht* gesprochen wurde, über die vorher *kein Konsens* bestand.

- Kritikgespräche finden statt, wenn vereinbartes Soll und erreichtes Ist nicht überein-stimmen.
- Feedback ist dann einzusetzen, wenn kein Wertsystem vereinbart ist (→ Kapitel 1.1.5).

Jeder Mensch hat von sich selbst ein bestimmtes Bild, eine bestimmte Vorstellung von der eigenen Person. Und jeder Mensch wiederum hat von einem anderen, den er kennt, eine bestimmte Vorstellung, ein bestimmtes „Fremdbild". Nun gibt es aber so viele verschiedene „Fremdbilder" von einer Person, wie es Menschen gibt, die diese Person kennen. Selbst- und Fremdbild stimmen in der Regel nicht überein.

Es gibt Menschen, die ein nur sehr schwach ausgeprägtes Bild von sich selbst haben, die aber gerade von Vorgesetzten durchaus als wichtig und wertvoll angesehen werden. Diese Menschen sind immer fleißig und zuverlässig, vor allem äußern sie nie Wünsche nach Gehaltserhöhung oder Beförderung. Die Zeitschrift „Capital" hat diesen Typ als „N. I." bezeichnet: Nützliche Idioten!

Und es gibt die anderen, es gibt diese Großmaultypen, die sich selbst für die Größten halten; die mehr Schein als Sein vorgaukeln und daher häufig auf Ablehnung stoßen. Und natürlich gibt es alle Spielarten dazwischen.

Doch nicht in der Tatsache, daß es verschiedene Verhaltenstypen gibt, liegt das Problem. Dieses resultiert vielmehr aus der unterschiedlichen Bewertung von Selbst- und Fremdbild. Schließlich erwartet jeder gemäß seinem Selbstbild, daß man mit ihm so umgeht, daß man ihn so anspricht, wie er dies erwartet, daß man ihn entsprechend achtet und wahrnimmt. Andererseits werden einzelne Personen von ihren Mitmenschen entsprechend dem jeweiligen Fremdbild wahrgenommen und mit dementsprechender Achtung bzw. Mißachtung bedacht. Daraus resultieren dann letztendlich die „Geltungsangebote". Wenn diese nun nicht mit dem Geltungsanspruch aus dem Selbstbild übereinstimmen, ist Enttäuschung die unausweichliche Folge.

An und für sich ist eine Enttäuschung etwas sehr Positives, denn sie bedeutet ja den Verlust einer Täuschung (Ent-Täuschung) und insofern die Chance zu mehr Realitätsnähe nach vorher unrealistischen Erwartungshaltungen. Die meisten Menschen erleben das aber nicht so, sie erfahren eine Enttäuschung eher als Belastung und reagieren dementsprechend häufig negativ.

Die einzige Chance, auf so eine Abweichung von Geltungsanspruch und Geltungsangebot qualifiziert reagieren zu können, besteht darin, mehr über sich selbst in Erfahrung zu bringen, also ein realistisches Selbstbild zu erhalten. Die dafür entsprechende Geprächsform nennt man Feedback. Für Feedback gelten Regeln: „Ich sage einem Menschen, wie ich ihn sehe, ohne ihn zu verletzen" (das Aufdecken von bisher nicht aufgedeckten Erwartungshaltungen). Das ist die aktive Form von Feedback. Und für die passive Form, Feedback entgegenzunehmen, gilt: „Ich kann damit umgehen, zu erfahren, wie andere mich sehen."

Eine Feedback-Situation ist immer eine heikle Situation, da niemand leichten Herzens akzeptiert, in seinem Selbstbild korrigiert zu werden. Selbst beim Befolgen der dargestellten Feedback-Regeln wird man mit einer Abwehrhaltung des Angesprochenen rechnen müssen. Deswegen ist insbesondere darauf zu achten, daß der Ausdruck im körpersprachlichen Bereich entspannt bleibt.

Regeln für Feedback geben und Feedback entgegennehmen:

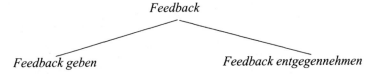

Feedback

Feedback geben

Feedback entgegennehmen

Feedback geben

1. Beobachtung
(Mitteilung ganz klar beobachtbarer Gesichtspunkte)
2. Bewertung in Form der Ich-Aussage, also in welcher Weise diese Beobachtung des anderen mich berührt (Man kann niemanden sagen, wie er ist, man kann ihm nur sagen, wie er auf mich wirkt.)
3. Bitte um Veränderung, z. B. „Du hast gestern auf mich so und so gewirkt, könnten wir dagegen nicht etwas unternehmen?"

Feedback entgegennehmen

1. „Danke"
(dafür, daß das gesagt wird), z. B. „Das finde ich wichtig!" oder „Ich hätte nie gedacht, daß Sie das so erleben!" oder „Danke, daß Sie mir das sagen!"
2. Bedenken
(Ich prüfe, ob ich dem Wunsch folgen kann oder will; nicht jedes Fremdbild ist wichtig.)
3. Anpassung ohne Selbstaufgabe

Besonders problematisch ist jeweils Punkt 1. Bei der Rückmeldung (gerade, wenn wir verletzt sind) neigen wir zur Pauschalierung. Warum? Es fällt uns leichter! Jede Pauschalierung ist ein Haßsignal mit einer Verletzungsabsicht („Haben Sie schon wieder?", „Können Sie auch nicht …", „Können Sie endlich …").

Auch beim Entgegennehmen von Feedback steht der schwierigste Punkt auf Platz 1. Wir empfinden bei einer Korrektur unseres Selbstbildes keinerlei Dank. Eine derartige Fähigkeit muß in der Regel trainiert werden, denn wenn wir Dank nicht äußern, wird kein Feedback mehr stattfinden.

Ein Beispiel für falsches und richtiges Feedback:
Situation: Ein Mitarbeiter kommt zu spät zur Konferenz

1. Die Rolle des Vorgesetzten
   a) falsch
   1. Ewig kommen Sie zu spät.
   2. Sie sind ein unzuverlässiger Mensch.
   3. Wenn sich das nicht ändert, gibt es Ärger.

   b) richtig
   1. Herr Müller, Sie sind heute 20 Minuten nach Konferenzbeginn laut Einladung eingetroffen.
   2. Für mich sieht das so aus, als würden Sie diese Besprechung nicht so wichtig nehmen.
   3. Können Sie künftig mitteilen, ob mit Ihrem pünktlichen Eintreffen zu rechnen ist?

1. Die Rolle des Mitarbeiters
   a) falsch
   1. Das ist ja unerhört.
   2. Krause ist auch nicht pünktlich gekommen.
   3. Sie können ja auch schon ohne mich anfangen.

   b) richtig
   1. Danke, daß Sie das so offen ansprechen. Ich habe nicht gewußt, daß für Sie der pünktliche Beginn so wichtig ist.
   2. Da ich unsere Besprechung sehr wichtig finde,
   3. können Sie sich darauf verlassen, daß ich künftig pünktlich bin.

3.5 Die Referenzsitzung

Eine Führungstechnik zum Aufdecken von Erwartungshaltungen, von wechselseitigen Wert-Vorstellungen über Art und Qualität der Zusammenarbeit, über Einhaltung von bestimmten ungeschriebenen Gesetzen und Regeln ist die sogenannte Referenzsitzung.

Die Referenzsitzung ist ein Zusammentreffen von Vorgesetzten und direkt unterstellten Mitarbeitern mit der Zielsetzung, wechselseitig Wünsche bezüglich der Zusammenarbeit und der Vorstellung über das Verhalten der Gruppenteilnehmer aufzudecken und – wenn möglich – Regeln für künftiges Handeln zu vereinbaren. Zusätzlich kann der Vorgesetzte bestimmte unerwünschte Vorkommnisse seiner Gruppe mitteilen und insofern eine Vereinbarung über ein künftig gewünschtes Verhalten herstellen.

Diese vereinbarten Regeln werden schriftlich festgehalten und manchmal sogar – wie in einigen Firmen üblich – während eines feierlichen Aktes von allen Beteiligten in aller Form persönlich unterzeichnet.

Auf eine solche, schriftlich fixierte Vereinbarung kann sich ein Vorgesetzter beziehen, wenn er ein nicht akzeptables Verhaltensmuster eines Mitarbeiters korrigieren möchte. Er hat eine „Referenz"-größe. Gleiches gilt natürlich auch für die Mitarbeiter, wenn sie Problerme mit ihrem Chef haben. In diesem Fall werden sich die Mitarbeiter auf die Vorbildfunktion ihres Vorgesetzten berufen können.

Im folgenden finden Sie eine Auflistung einiger Punkte, die für ein derartiges Referenzgespräch wichtig sein können. Die Inhalte, also die niedergeschriebenen Regeln, werden je nach Unternehmen und je nach Vorstellung der Führungskräfte und auch der Gruppenmitglieder sehr verschieden sein. Insofern dient dieses Beispiel in keiner Weise als Vorgabe, es soll nur illustrieren, welcher Art diese Vereinbarungen sein können. Es geht lediglich darum, daß tatsächliche wechselseitige Vorstellungen aufgedeckt und auch festgehalten werden.

→ *Referenzgespräch:*
– Keine schriftliche Kommunikation untereinander
– Jeder sagt etwas zu allem
– Offenheit
– Kritikfähigkeit
– Kritisierfähigkeit
– Keine Ängste, wenn jemand nicht dabei ist
– Durchführung von Besprechungen, auch wenn der Chef nicht dabei ist
– Auch Pauschalurteile aussprechen
– Kritik bleibt im Raum
– Information!!!
– Keine Kritik über „Schwestern", „Mütter" nach außen tragen
– Pausen
– Überstunden
– Arbeitsverhalten
– Duzen, Siezen

Wenn jetzt ein Mitarbeiter gegen eine Regel verstößt, kann der Chef sagen: „Herr Meier, Sie haben entgegen unserer Referenzvereinbarung nicht die Vertraulichkeit unserer Diskussion in dieser Runde beachtet, sondern an anderer Stelle über meine Aussagen berichtet. Daraus folgen für mich zwei Möglichkeiten: Entweder Sie wollen mich ärgern! Dann möchte ich gerne wissen warum (Feedback-Situation)? Oder aber Sie wollen die Regeln ändern. Dann bitte ich Sie, dieses bei unserem nächsten Referenzmeeting zur Diskussion zu stellen."

Kapitelzusammenfassung

In vielen Unternehmen sind Hauptstörfaktoren für Betriebsklima und Mitarbeiter-motivation nicht Fehler beim Kritikgespräch, sondern Formen der Un-Kritik, das heißt, es wird Kritik *gezeigt,* aber es wird nichts besprochen, Soll/Ist-Abgleich und neue Zielvereinbarungen finden nicht statt.

Erscheinungsformen sind z. B. körperliche Ablehnungssignale, Dominanzgesten, Mißachtung, Kritik über und bei Dritten, unangemessene Kontrolle und nicht auf-gedeckte Erwartungshaltungen.

Vorgesetzte beurteilen Mitarbeiter häufig nach Maßstäben, die sie nicht vereinba-ren. Sie gehen stillschweigend davon aus, daß jeder mit gleichem (nämlich dem des Vorgesetzten) Wertesystem an Fragen der Zusammenarbeit, des Arbeitsver-haltens, des Auftretens herangeht und bestrafen Mitarbeiter für Dinge, von denen diese nie erfahren, daß sie sie „falsch" gemacht haben.

Erwartungshaltungen aus dem eigenen Wertesystem dürfen nicht Maßstab der Mitarbeiter-Be(Ver-)urteilung sein. Jede Führungskraft muß sich ihrer Gefähr-dung in dieser Richtung bewußt sein.

Um Konflikte zu lösen, müssen eigene Erwartungshaltungen aufgedeckt und die Erwartungshaltungen der Mitarbeiter angesprochen werden.
Feedback beschreibt die hierfür angemessene Sprachform. Da Selbst- und Fremd-bild von Menschen nicht übereinstimmen, erleben wir oft Reaktionen, die wir nicht verstehen. Wir sind enttäuscht und reagieren entsprechend. Der einzige Aus-weg ist, mehr über unser Fremdbild zu erfahren. Wenn jemand einem anderen sagt, wie er ihn sieht, sind dabei bestimmte Regeln einzuhalten, ebenso, wenn man Korrekturen in seinem Fremdbild erlebt. Das Referenzgespräch stellt letzt-lich eine Gruppenfeedback-Situation dar. Es dient dazu, ungeschriebene Regeln in der Gruppe, Verhaltensvorstellungen von Vorgesetzten gegenüber Gruppenmit-gliedern aufzudecken und festzuhalten. Es stellt insofern eine vereinbarte Grund-lage für künftige Fehlerkorrekturen dar und bietet die Chance für *richtige* Kritik.

4 Abwehrmechanismen in Kritiksituationen

Kurzbeschreibung

Ein Kritikgespräch bedeutet eine schwierige Führungssituation, weil die Beteiligten emotionalen Belastungen ausgesetzt sind. Vorgesetzte gehen oft gespannt in Kritikgespräche, weil sie z. B. Angst vor unangenehmen Wahrheiten haben, die Reaktion des Kritisierten fürchten oder verärgert über Fehler sind und „Dampf ablassen" wollen. Mitarbeiter entwickeln vergleichbare Gefühle, hinzu kommen häufig noch Schuld und schlechtes Gewissen. Führungskräfte sollten Gesprächstechniken beherrschen, um emotionale Spannungen abzubauen.

Welche Belastungen erleben Sie, wenn Sie vor Kritiksituationen stehen? Welche Emotionen haben Sie bei anderen erlebt?

4.1 Emotionale Spannungen

Selbst wenn im Vorfeld die Bedingungen richtiger Kritik erfüllt sind (siehe vorhergehende Kapitel), führt die Situation des Kritikgesprächs bei den Beteiligten aus den verschiedensten Gründen zu starken emotionalen Spannungen.

Folgendes Bild verdeutlicht die Auswirkungen:

Verstand und Gefühl
In der umseitigen Grafik ist der Mensch als ein Dreieck in der Weise dargestellt, daß der untere Teil (der Bauch) den emotionalen Bereich und die Spitze des Dreiecks den Kopf, also den rationalen Bereich, aufzeigen soll. Dieses Sinnbild geht auf den amerikanischen Psychologen Herzberg zurück, wobei dieser noch den Vergleich mit einem Eisberg wählte. Bekanntlich befinden sich bei einem Eisberg sechs Siebtel des Volu-

89

mens unter Wasser. Damit wollte Herzberg verdeutlichen, daß das menschliche Wesen überwiegend emotional gelenkt wird.

Wir nehmen jeden Satz, jede körpersprachliche Äußerung eines Mitmenschen zunächst emotional wahr, d. h., jede Botschaft landet zunächst im „Bauch", und wird erst dann vom „Kopf" entsprechend der jeweiligen Beziehungsebene rational verarbeitet. Die konstruktiven oder destruktiven Reaktionen sind dann das jeweilige Resultat dieses Vorgangs.

Verstand und Gefühl

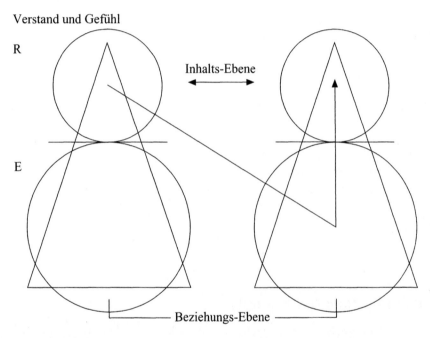

In der Kritiksituation ist häufig die „Wellenlänge" gestört, weil beispielsweise der Vorgesetzte von seinem Mitarbeiter enttäuscht ist und der Mitarbeiter, was verständlich ist, Angst vor diesem Gespräch hat. Es gilt also, nicht nur inhaltliche Differenzen (Soll/Ist-Abweichung der Zielerreichung), sondern auch Störungen auf der Beziehungsebene auszuräumen.

Wenn aber emotionale Störungen im zwischenmenschlichen Bereich auftreten, bleibt dies nicht ohne Auswirkungen auf die rationale Ebene. Es treten erhebliche Verhaltensstörungen auf: Viele können oder wollen nicht aufmerksam zuhören, es entstehen bewußte oder unbewußte Mißverständnisse, man kann oder will nicht nachgeben, fühlt sich erniedrigt und gedemütigt usw.

> *Starke Gefühle behindern die konstruktive*
> *Lösung der Kritiksituation und müssen*
> *daher bereinigt werden.*

Die Ursachen für emotionale Spannungen zwischen zwei Menschen sind immer auf beiden Seiten zu suchen.

Gründe für emotionale Spannungen beim Vorgesetzten:
- Angst vor unangenehmen Gesprächen
- Angst vor aggressiven Reaktionen
- Angst vor eigenen Überreaktionen
- Gefühle von Enttäuschungen
- Gefühle, betrogen oder hereingelegt worden zu sein
- Ärger über unnütze Mehrarbeit
- Enttäuschung, weil eigene Ziele nicht so wie geplant erreicht wurden

Gründe für emotionale Spannungen beim Mitarbeiter
- Schuldgefühle, weil er versagt hat
- Gefühl, ungerecht behandelt worden zu sein
- Angst vor Konsequenzen
- mangelndes Selbstvertrauen
- Angst vor unangenehmen Gesprächen
- Gefühl der Ohnmacht
- Angst, weil sein Selbstbild korrigiert werden könnte
- Furcht vor Überreaktionen

Emotionale Spannungen behindern zumindest in der Ausgangssituation des Kritikgesprächs eine konstruktive, weiterführende Lösung. Sie können also unter keinen Umständen ignoriert werden. Mit entsprechenden Methoden (siehe Absatz 4.4) lassen sich emotionale Spannungen abbauen, ein notwendiger Vorgang, damit Platz geschaffen wird für die beiderseitige Bereitschaft zu einer konstruktiven, zukunftsorientierten Korrektur.

4.2 Orientierung des Vorgesetzten

Die Intensität der emotionalen Spannungen im Kritikgespräch wird jeweils bestimmt durch die Orientierung des Vorgesetzten und durch die Reaktionen des Mitarbeiters.

→ *Wie orientieren sich Vorgesetzte?*
Gerade in kritischen Situationen sind Manager oftmals nicht in der Lage, zu reflektie-

ren, welche negativen Wirkungen sie bei ihren Mitarbeitern mit ihrem sprachlichen und körpersprachlichen Ausdruck hervorrufen können.

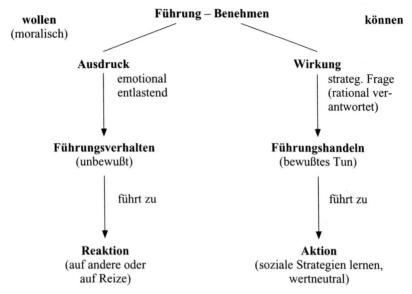

wollen
(moralisch)

Führung – Benehmen

können

Ausdruck
emotional
entlastend

Wirkung
strateg. Frage
(rational ver-
antwortet)

Führungsverhalten
(unbewußt)

Führungshandeln
(bewußtes Tun)

führt zu

führt zu

Reaktion
(auf andere oder
auf Reize)

Aktion
(soziale Strategien lernen,
wertneutral)

Egal was der Mensch macht, Hauptsache,
er macht es bewußt, damit er es auch
verantworten kann.

Ausdrucksorientiertes Verhalten heißt, daß man im Kritikgespräch ausdrückt, was man fühlt und empfindet. Man zeigt beispielsweise seine Enttäuschung oder unterdrückt nicht die vorhandenen Aggressionsgefühle.

Zusammenfassung

Der Mensch wird über zwei Bereiche gesteuert: den emotionalen und den rationalen Bereich, wobei als Verhaltensursache der emotionale Bereich deutlich überwiegt. Gerade in der Kritiksituation bestehen zwischen Vorgesetztem und Mitarbeiter starke emotionale Spannungen aus verschiedenen Ursachen heraus, wie z. B. Schuldgefühle, Aggression, Ärger, Angst u. ä. Die „Wellenlänge" ist gestört und hindert die Beteiligten daran, zielorientiert an die Problemlösung heranzugehen.

Man hört sich nicht zu, mißversteht, überinterpretiert, macht Schuldzuweisungen.
Richtige Kritik setzt also die Wiederherstellung der Beziehungsebene voraus.

Dieses Zeigen von Gefühlen ist für den einzelnen positiv, weil es zu einer emotionalen Entlastung, zum Abbau von Gefühlen beiträgt. Es ist die Reaktion auf einen Reiz oder auf ein im Inneren schlummerndes Bedürfnis, das zum Ausdruck kommt. Insofern ist letztlich der einzelne fremdbestimmt, insbesondere wenn man die vom Unterbewußtsein gesteuerten Reaktionen hinzurechnet.

> *Emotionales Verhalten ist lustvoll,*
> *es verhindert aber leider häufig den*
> *angestrebten rationalen Erfolg.*

Für wirkungsorientiertes Handeln ist die Beantwortung folgender Frage von Bedeutung: Ist die jetzt vorzunehmende Handlung (Sprache und Körpersprache) geeignet, um die angestrebten Ziele in diesem Kritikgespräch zu erreichen? Ein Vorgesetzter mit einer derartigen Orientierung wird sich für eine Gesprächstechnik entscheiden, die am ehesten Erfolg verspricht. Er wird insbesondere soziale Strategien anwenden, um zum gewünschten Ziel zu kommen.

Die meisten Vorgesetzten erleben ihre eigenen emotionalen Spannungen und auch die emotionalen Reaktionen ihres Mitarbeiters (ja sogar die Erwartungen dieser emotionalen Reaktionen) als Gefühle von Verunsicherung. Nun können viele ihre Unsicherheitsgefühle nicht verbergen, was dann zu den typischen Reaktionen des Unbeholfenseins führt. Eine Führungskraft mit sozialer Kompetenz muß aber gerade über die Fähigkeit verfügen, eigenes Unbehagen seinen Mitarbeiter nicht spüren zu lassen.

Drei Voraussetzungen für einen Vorgesetzten, ein konstruktives Kritikgespräch führen zu können (d. h. ohne in destruktive Emotionalität abzugleiten):

1. Innere Einstellung:
   „Wenn ich Unsicherheit zeige, heißt das auch, daß ich dem anderen so viel Macht über mich einräume, daß er mich verärgern und verunsichern kann. Es muß meine eigene Entscheidung sein, ob ich dieses zulassen will."

2. Beherrschung der Körpersprache:
   „Kann ich meinen körperlichen Ausdruck so kontrollieren, daß der Gesprächspartner meine Unsicherheit nicht bemerkt? Wenn ich vor Aufregung feuchte Hände habe, sollte ich nicht ausgerechnet dem anderen die Hand reichen, sondern sie lieber lässig-cool in die Tasche stecken und mit der andere Hand ein Hallo winken. Wenn ich hektische rote Flecken am Hals bekomme, sollte ich als weibliche Führungskraft nicht ausgerechnet Kleider mit tiefen Ausschnitten tragen. Wenn ich zum Zittern neige, sollte ich mich irgendwo anlehnen und ähnliches."

3. Kenntnis von Gesprächstechniken:
„Bin ich als Führungskraft in der Lage (auch in Situationen, die meine Mitarbeiter verunsichern), Sprachmuster zu vermeiden (siehe nächster Abschnitt), die eine konstruktive, also richtige Kritik verhindern?" (Einige Gesprächstechniken werden in Kapitel 4.4 dargestellt.)

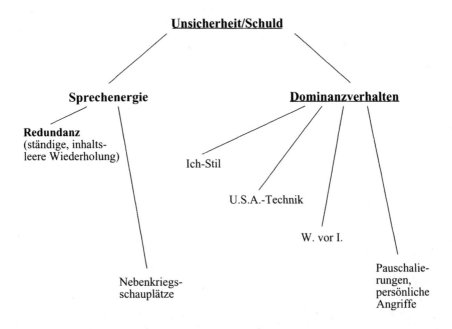

Fehler und Schuld haben nichts miteinander zu tun. Ein Kritikgespräch darf keine Schuldzuweisung sein.

❚ *Wer Schuld zuweist, empfindet diese auch bei eigenen Fehlern.*

Menschen neigen aus Unsicherheit zu gesteigerter Sprechenergie, zum Beispiel in Form von Redundanz (mit anderen Worten immer wieder dasselbe sagen) oder zum Ausweichen auf Nebenkriegsschauplätzen (die berühmte Zahnpastatube in Ehekriegen etc.).

Führungskräfte verbergen ihre Unsicherheit gerne hinter einem ausgeprägten Dominanzverhalten.

Typisch für ein Dominanzverhalten ist der Ich-Stil
„Ich bin schließlich der Chef!"
„Das können Sie gefälligst mir überlassen!"
„Ich trage ja schließlich die Verantwortung!"
„Wie stehe ich jetzt vor meinem Chef da" usw.

USA-Technik
  Stufe 1:
  U steht für die Bezugnahme auf eine scheinbare Unwissenheit des Mitarbeiters
  („Wieso haben Sie sich hier nicht an Regel 13 § 4 Abs. 2 gehalten?", „Mir ist da
  zugetragen worden ..."; „Das müssen wir dann nochmal an ganz anderer Stelle
  besprechen!"; „Sie hatten mir fest zugesagt, heute das komplette Ergebnis vorzu-
  legen!", wobei nichts besprochen war)
  Und wenn Stufe 1 nicht funktioniert, dann geht man zur nächsten über:

Stufe 2:
  S steht für die Schuld des Mitarbeiters („Ich bin enttäuscht von Ihnen!"; „Wieso
  konnte gerade Ihnen das passieren?"; „Guter Mann, nun reißen Sie sich doch einmal zusammen!"; „Ich hatte eigentlich etwas ganz anderes von Ihnen erwartet!";
  „Sie sind doch sonst nicht so!")
  Bleiben beide Stufen wirkungslos, dann greift man zum letzten Mittel, man versucht den Mitarbeiter in Angst zu versetzen:

Stufe 3:
  A steht für *Angst*
  („Wenn das so weitergeht, werden Ihre Kollegen es bald ablehnen, mit Ihnen zu-
  sammenzuarbeiten!" „Selbstverständlich können Sie bei diesem Verhalten bleiben, aber dann müssen Sie auch für die Konsequenzen geradestehen." „Wenn das
  so weitergeht, werden wir Sie dem Arbeitsmarkt zur Verfügung stellen!")

→ *Wertende Stellungnahme vor Information*
Während des Gesprächs wird jede Aussage des Mitarbeiters sofort mit einer Bewer-
tung belegt
(„Das stimmt doch gar nicht!"; „Wie können Sie das sagen?"; „Das sehe ich über-
haupt nicht so!"; „Das ist ja unerhört!"),
bevor dann die Information kommt:
„Ich habe Ihnen doch ausführlich erklärt, wie es zu sein hat."
Solche bewertenden Äußerungen erhöhen die emotionalen Spannungen zwischen den
Cesprächspartnern, weil sie geeignet sind, den anderen zu verletzen (auch wenn das
nicht bewußt angestrebt wird).

→ *Pauschalierung*

In bestimmten Situationen neigen Vorgesetzte auch zu pauschalen Verurteilungen und persönlichen Angriffen:

„Können Sie nicht *einmal* richtig zuhören?"; „Jetzt haben Sie sich ja *schon wieder* nicht an die Vereinbarung gehalten"; „Haben Sie *etwa* nicht die Kontrolle vorgenommen?"; „*Natürlich* müssen Sie *wieder* dagegen sein!"

Oder völlig unter der Gürtellinie: „Sie sind eine Flasche!"; „Wenn ich Sie hier schon sitzen sehe!"; „Sie sind eben viel zu alt!" bzw. „Sie sind eben dafür viel zu jung!"

Zusammenfassung

Gerade in der Kritiksituation haben Führungskräfte Schwierigkeiten mit der rein sachlichen Lösung der Situation, weil beide Seiten dazu neigen, Emotionen zu haben und zu zeigen. Diese verhindern oft, daß sich die Gesprächsteilnehmer vor Sätzen, körpersprachlichem Ausdruck prüfen, ob diese geeignet sind, die Ziele des Kritikgesprächs zu erreichen. Man verhält sich ausdruckorientiert, man drückt aus, was drinnen ist, anstatt wirkungsorientiert zu handeln. Beide müssen lernen, auf behindernde Reaktionen aus Unsicherheit heraus zu verzichten. Insofern ist Selbstsicherheit die Fähigkeit, dem anderen das eigene Unbehagen in Form von Sprechenergie oder Dominanzverhalten nicht zeigen zu müssen.

4.3 Abwehrmechanismen des Mitarbeiters

Welche Abwehr- mechanismen gibt es?	Wie kann damit umgegangen werden?
• Sachverhalt wird bestritten	• Qualifizierte Vorbereitung, Fakten in der Hand haben
• Aussagen Dritter bestreiten	• Künftig enger kontrollieren, keine Gegenüberstellung
• Ausreden, bagatellisieren	• Auf die Bedeutung des Fehlers hinweisen
• Aggression	• Beruhigen, positiven Hintergrund des Kritikgesprächs verdeutlichen, dem Mitarbeiter seinen Nutzen aufzeigen
• Auf „Durchzug" setzen	• Hinterfragen, Verbalisieren
• Unterwerfung	• Meinung des Mitarbeiters hinterfragen („Warum sehen Sie das so?" „Was versprechen Sie sich davon?")
• Rechtfertigung, Ausreden	• Den Mitarbeiter auf seine Verantwortung für den Weg zum Ziel verweisen

Abwehrmechanismen des Mitarbeiters sind normal und verständlich. Der Vorgesetzte muß bereits während der Vorbereitung des Kritikgesprächs einkalkulieren, daß er mit derartigen Abwehrmechanismen konfrontiert werden wird.

Grundlage für ein angemessenes Verhalten des Vorgesetzten in dieser Situation sollte eine vorangegangene Zielvereinbarung sein, die wenigstens in groben Zügen den verbindlichen Sachverhalt umreißt. Je stärker dem Mitarbeiter nämlich verdeutlicht werden kann, daß es nicht darum geht, ihn zu gängeln, sondern vielmehr darum, auch in seinem Interesse künftig schneller und besser die anvisierten Unternehmensziele zu erreichen und ihm die Verantwortung für den einzuschlagenden Weg dorthin zu übertragen bzw. zu überlassen, was ja eine Erweiterung seines Verantwortungsbereichs bedeutet, desto eher wird der Mitarbeiter den konstruktiven Ansatz des Kritikgesprächs begreifen und in künftige Kritikgespräche mit immer weniger emotionalen Spannungen hineingehen.

4.4 Gesprächstechniken zum Abbau von Abwehrmechanismen

1. An erster Stelle steht der Führungsstil, der im 1. Kapitel schon ausführlich behandelt wurde. Je mehr es der Vorgesetzte während einer derartigen Gesprächssituation versteht, durch seine Sprache und Körpersprache auszudrücken, daß es um eine konstruktive Bewältigung der gemeinsamen Zukunft und keineswegs um Schuldzuweisung, „Niedermachen" und/oder gar Verletzen geht, desto höher ist die Bereitschaft des Mitarbeiters, diese *richtige* Kritik anzunehmen.

2. Gerade in größeren Unternehmen befindet sich ein hoher Prozentsatz an Führungskräften, die nicht gelernt haben, konstruktive Kritikgespräche zu führen. Da in der Regel das Management in solchen Firmen davon ausgeht, die Mitarbeiter ausschließlich nach objektiven Maßstäben über die Eingruppierung in ein festes Lohn- und Tarifsystem motivieren zu können, begreifen viele der zuständigen Führungskräfte nicht den *Nutzen für eine Mitarbeitermotivation* mit Hilfe des Instrumentariums von Korrekturgesprächen.

Es bestehen sogar ausgesprochene Hemmungen vor derartigen schwierigen „Gesprächssituationen". Der richtige Weg, um bestehende Hemmungen gegenüber Kritikgesprächen abzubauen, besteht darin, nicht den naheliegenden Weg der Ausflüchte zu wählen („Das wird sich schon regeln!", „Das spreche ich später mal an!", „Das war ja nicht so wichtig!"), sondern mit entsprechend qualifizierter Vorbereitung, realistischer Zielsetzung und konstruktiver Gesprächsführung diese Form des Mitarbeitergesprächs immer wieder zu *trainieren*. Wenn eine Korrektur frühzeitig und in geeigneter Weise erfolgt, wird sich das positiv auf das Betriebsklima auswirken. Die Leistungsfähigkeit und -bereitschaft der Mitarbeiter wird steigen, so daß der Vorgesetzte von selbst den Nutzen dieses Gesprächsinstruments aus der Anwendung heraus erkennen kann.

3. In der Situation des Kritikgesprächs muß der Vorgesetzte zum *Dominanzverzicht* fähig und bereit sein. Es ist daher in dieser Phase naheliegend, dem Mitarbeiter deutlich zu machen, daß man als Vorgesetzter das Recht und die Pflicht hat, die Ergebnisse, das Verhalten der Mitarbeiter zu beurteilen und zu bewerten. Daß ein „Niedermachen" des Mitarbeiters keinen Nutzen für die künftige Entwicklung des Mitarbeiters und damit auch für das Erreichen der Unternehmensziele hat, wurde an anderer Stelle deutlich hervorgehoben. Insbesondere in der Anfangsphase des Kritikgesprächs sollte daher auf Wertungen („Ich bin sehr enttäuscht von Ihnen!", „Wie konnten Sie das tun?", „Ich war ja entsetzt, als ich hörte ...!") verzichtet werden. Diese Bewertungen stärken zum einen die emotionalen Abwehrmechanismen des Mitarbeiters und zum anderen sind sie unfair, weil zu diesem Zeitpunkt noch gar nicht geklärt ist, ob die Stellungnahme des Mitarbeiters zu einer möglichen Re-

lativierung des eigenen Standpunktes führen wird. Zumindest logisch muß einkalkuliert werden, daß aufgrund der Stellungnahme des Mitarbeiters die Angelegenheit objektiv einer anderen Bewertung unterzogen werden muß.

4. Ein wichtiges Instrument zum Abbau der emotionalen Spannung zu Beginn des Kritikgesprächs ist die Wahrnehmung einer sogenannten *Aufwärmphase.* Allein durch den Umstand, daß sich beide Gesprächspartner zunächst über ein neutrales Thema unterhalten (zum Beispiel über andere Tätigkeiten dieses Mitarbeiters zum gleichen Zeitpunkt), bauen sich Spannungen ab. Jeder weiß, je länger man sich mit einer unangenehmen Situation vertraut gemacht hat, desto ausgeprägter ist die eigene Fähigkeit, diese auch wirkungsorientiert zu meistern. Einmal darüber schlafen, verschafft oft eine ganz andere Sicht der Dinge. Alle Menschen brauchen eine bestimmte Zeit, bevor sie sich mit ungewohnten Umständen vertraut gemacht haben. So wird auch und gerade der Mitarbeiter in der schwierigen Situation des Kritikgesprächs eine bestimmte Zeit benötigen, bis er erkennt, dem Vorgesetzten Vertrauen entgegenbringen zu können.

5. Es ist normal, daß in einem Kritikgespräch der Mitarbeiter nicht sofort begeistert zustimmt: „Jawohl, Sie haben vollkommen recht. Ich werde mich sofort ändern!" Viel realistischer ist es, davon auszugehen, daß der Mitarbeiter *Einwände* haben wird: „Das ging nicht eher!"; „Krause ist krank geworden!"; „Ich konnte Sie früher nicht erreichen!" und ähnliches.

Zusammenfassung

Der Mitarbeiter neigt im Kritikgespräch aus der emotionalen Spannung heraus zu Abwehrmechanismen, z. B. in Form von Abstreiten, Bagatellisieren, nicht Zuhören etc. Je mehr die Gesprächsführung dem Wesen nach einer neuen Zielvereinbarung entspricht, desto niedriger werden in künftigen Gesprächen diese Spannungen sein. Im Gespräch selbst wird Spannungsabbau erreicht durch konstruktive Gesprächsführung, Dominanzverzicht, Verzicht auf Wertungen zum Einstieg, das Beachten der Aufwärmphase und zielorientierte Einwandbehandlung. Das Kritikgespräch als wesentliches Führungsinstrument sollte auch unbedingt trainiert werden.

Derartigen Einwänden kann von vornherein auf zweierlei Weise begegnet werden:

a) Die meisten Vorgesetzten können mit hoher Wahrscheinlichkeit abschätzen, welche Einwände der jeweilige Mitarbeiter vorbringen wird, d. h., es besteht durchaus die Chance, bereits in der Vorbereitungsphase Gesprächsstrategien festzulegen, um den Einwänden wirksam begegnen zu können. Generell gilt aber auch hier der Hinweis auf die Grundstruktur einer Zielvereinbarung, d. h., der Mitarbeiter hat die Verantwortung (nicht die Schuld) für den Weg; egal was geschehen ist.

b) Der Vorgesetzte muß von Anfang an damit rechnen, daß der Mitarbeiter Einwände vorbringen wird. Er wird daher seine Erwartungshaltung darauf einrichten müssen:

Wenn er im Gespräch anderen etwas
– darstellt,
– veranschaulicht,
– erklärt,

erwartet er oft unbewußt, daß die Mitarbeiter ihm zustimmen und reagiert daher spontan auf Einwände.

Wenn ein Vorgesetzter derartige Einwände nicht als eine normale Reaktionshaltung innerhalb einer Auseinandersetzung begreift, sondern vielmehr als aggressiven Akt gegen sich, wird er dazu neigen, mit Signalen der Unsicherheit, also mit Sprechenergie und/oder Verhaltensdominanz, seinerseits zu reagieren. Der Mitarbeiter wird im weiteren Verlauf des Gesprächs mit einem ähnlichen Verhaltensmuster aufwarten oder resignativ „zu machen". Eine konstruktive Lösung der Kritiksituation erscheint dann nicht mehr möglich. Jedes Wort wird Widerworte hervorrufen, und beide werden sich gegenseitig so lange hochschaukeln, bis man ohne greifbares Ergebnis, dafür aber mit einem schlechten Beigeschmack auseinandergeht.

6. Insbesondere zwei Gesprächstechniken bewirken, daß zum einen Emotionen nicht verstärkt werden und daß zum anderen das Problem des ungenauen Zuhörens aufgrund von emotionalen Spannungen gelöst wird:

Hinterfragen:
Der Vorgesetzte hinterfragt die Aussagen und Rechtfertigungsgründe des Mitarbeiters: „Warum war das für Sie wichtig?"; „Was verstehen Sie darunter?"; „Wo sehen Sie Ihre Verantwortung?"; „Welche Erwartungen haben Sie?"; „Wie soll es weitergehen?"

Verbalisieren:
Die Aussage des Mitarbeiters wird mit anderen Worten an ihn zurückgegeben, sie wird gleichsam gespiegelt: So verdeutlicht beispielsweise der Vorgesetzte die Aus-

sage des Mitarbeiters „Das haben wir noch nie so gemacht!" mit den Worten: „Sie sagen, Sie haben damit keine Erfahrungen!"
Oder auf den Einwand „Das ging eben nicht schneller!" antwortet er: „Sie haben keinen anderen Weg gefunden!"
Oder dem Vorwurf „Ewig sprechen Sie mich darauf an!" begegnet man am besten mit den Worten: „Sie meinen, die Kollegen werden nicht so häufig mit diesen Themen konfrontiert wie Sie!"
Der Spiegelsatz bewirkt beim Mitarbeiter einen hohen Reiz, seine Position noch einmal und noch genauer darzustellen!

Beachten:
- Andere Worte bei der Spiegelung verwenden, sonst kommt die Reaktion „habe ich doch gerade gesagt!"
- Keine Inhalte hineininterpretieren. Das verärgert den anderen.
- Auch Emotionen spiegeln, z. B. „Sie sind verärgert!"

Beide Gesprächstechniken bringen große Vorteile, und zwar
a) Zeitgewinn:
   Ein vorschnelles Reagieren in Form von Schmollen oder Wutausbrüchen wird verhindert.
b) das Problem bleibt zunächst beim Gesprächspartner:
   Indem man die Aussage des anderen hinterfrägt oder ihm seine Aussage mit anderen Worten zurückgibt, verstärkt man die Neigung auf der anderen Seite, die Aussage näher zu erläutern, sie zu konkretisieren, sie also nochmals darzustellen. Insbesondere die Verbalisierung und damit die Verwendung neuer Formulierungen rufen beim Gesprächspartner das Gefühl hervor, er sei nicht ganz verstanden worden und müsse daher weitere Erklärungen abgeben.

Ein Beispiel:
Wenn auf den Vorwurf des Mitarbeiters „Sie informieren ja auch völlig unzureichend!" der Vorgesetzte beispielsweise entgegnet: „Ich habe doch ausdrücklich in einem Schreiben darauf hingewiesen ..." oder „Ich habe bei unserer letzten Besprechung darüber gesprochen ...", verbleibt bei ihm ein hohes Maß an weiterem Erklärungsbedarf. Wenn der Vorgesetzte dagegen der Aussage des Mitarbeiters mit Hilfe der Verbalisierung begegnet, also z. B. durch eine Entgegnung wie „Sie sagen, daß Sie nicht alle erforderlichen Erklärungen erhalten haben!", muß der Mitarbeiter näher erläutern, weshalb er der Meinung ist, daß er schlecht informiert wird, und er muß vor allem Beispiele bringen. Nun bleibt dem Vorgesetzten genügend Zeit, sich eine geeignete Argumentation zu überlegen und vor allem Ansatzpunkte zu finden, dem Mitarbeiter seine Vorteile für eine Korrektur seines Verhaltens deutlich zu machen.

c) Besseres Verständnis:
Die Gesprächstechniken des Hinterfragens und Verbalisierens führen dazu, daß nach den Erläuterungen, den weiteren Ausführungen und Ergänzungen des Mitarbeiters beide Seiten ein besseres Verständnis über die Bewältigung des Problems gewonnen haben. Und gerade das rationale Verstehen ist wegen der vorhandenen emotionalen Belastungen in einem Kritikgespräch besonders wichtig.

d) Derartige Gesprächstechniken entschärfen die Gesprächssituation:
Der Mitarbeiter spürt, daß er nicht über bekannte und gefürchtete Dominanzrituale niedergemacht werden soll, sondern daß sein Vorgesetzter ein starkes Interesse hat, mit ihm konstruktiv zu kommunizieren. Wenn es gelingt, auf diese Weise beim Mitarbeiter Vertrauen zu wecken, läßt sich sogar gegenseitig Sympathie aufbauen.

4.5 Reaktion auf falsche Kritik

Wenn der Vorgesetzte in einem Kritikgespräch keine der vorgestellten Gesprächstechniken anwendet, um die Abwehrmechanismen, die sich aus der emotionalen Spannung heraus ergeben, abzubauen, ist für die Zukunft eine verstärkte Motivierung

---

Checkliste zur Selbstprüfung

Gründe, weshalb ein Mitarbeiter in einem Kritikgespräch nicht für eine erfolgreiche Zukunft des Unternehmens eingestimmt, sondern weshalb er im Gegenteil frustriert sein wird:

- keine Aufwärmphase: den Mitarbeiter mit der Kritik gleich überfallen
- Einstieg in das Gespräch mit einem wertenden Vorwurf: „Ich bin sehr enttäuscht von Ihnen, weil Sie ...“
- überzogene Kritik, weil vorausgegangene Kritiksituationen aus Angst oder aus Hemmung vor Kritikgesprächen nicht wahrgenommen wurden
- aggressiver, verletzender Sprachstil
- dominante, aggressive Körpersprache
- destruktive Reaktion auf Einwände („Das ist ja unerhört!“; „Das verbitte ich mir!“)
- Neigung, Einwände sofort zu widerlegen
- Neigung, keine Stellungnahme des Mitarbeiters zuzulassen
- mit gesteigerter Sprechenergie den Mitarbeiter in Grund und Boden reden
- Bereitschaft, den Mitarbeiter in eine Falle zu locken

---

der Mitarbeiter, die Unternehmensziele schneller und besser zu erreichen, nicht zu erwarten, da eine Korrektur durch emotionale Blockade verhindert wird.
Die Frustration des Mitarbeiters wird sich durch folgende Verhaltensweisen äußern:

→ *Aggression:*
„Das lasse ich mir nicht bieten!"; „Da gehe ich zum Betriebsrat!"; „Das wollen wir doch mal sehen!"
Zumeist werden die Aggressionen nicht gegen den Vorgesetzten selbst gerichtet, sondern nach dem Kritikgespräch im Kollegen- und Mitarbeiterkreis ausgelebt oder – was auch häufig vorkommt – es wird der Ärger zu Hause am Partner oder an den Kindern ausgelassen.

→ *Resignation:*
Versiegen der Motivationskräfte bzw. nichts mehr tun wollen: „Ob ich jetzt was sage oder nicht, das spielt ja sowieso keine Rolle!"; „Dem kann man es ja doch nie recht machen!"; „Ist doch sowieso alles egal!"; „In Zukunft halte ich mich nur an die Vorschriften!"
Derartiges Verhalten wird häufig auch als „innere Kündigung" bezeichnet.

→ *Ersatzhandlungen:*
Der Mitarbeiter kümmert sich nach dem Kritikgespräch nicht um die eigentliche Aufgabe, sondern stürzt sich in Ersatzhandlungen, vorzugsweise beschäftigt er sich mit Sachaufgaben, die bereits eindeutig geregelt sind und eher Routinecharakter haben. Es werden z. B. sinnlose Statistiken erstellt, umfangreiche Ablagesysteme entwickelt, Ordner mit Schablonen beschriftet und überhaupt operative Hektik demonstriert.

→ *Regression:*
Verstärktes Auftreten von kindlichen Verhaltensweisen wie zum Beispiel Herumalbern, Schmollen, Kasperl spielen etc. Da das Kritikgespräch nicht positiv in dem Sinne verlief, daß die emotionalen Spannungen auf beiden Seiten abgebaut werden konnten, öffnen sich quasi Ventile in Form von kindlichen Verhaltensmustern: „Jetzt gehe ich nicht mehr hin!"; „ Soll er doch selbst sehen, wie es weitergeht!"; „Ist mir doch egal, wenn hier alles den Bach runtergeht!"

→ *Unterwerfung:*
Der Mitarbeiter macht sich klein, unterwirft sich im Sinne von Kadavergehorsam ganz dem Vorgesetzten und der Aufgabe. Er sieht sich selbst nur noch als kleines Licht und ist nicht mehr in der Lage, stolz auf seine eigenen Leistungen zu sein.

→ *Somatisierung:*
Verdrängungsmechanismen in der Frustration beispielsweise durch alle Arten von

Suchtverhalten: Alkoholismus, Tablettensucht, Freß- und Magersucht, Drogenprobleme u. ä.

Alle Verdrängungsmechanismen haben eines gemeinsam: Sie ändern an dem eigentlichen beruflichen Problem nichts, und sie haben darüber hinaus verheerende Auswirkungen auf weitere Lebensbereiche bis hin zur völligen psychischen und physischen Vernichtung.

Insofern hat jede Führungskraft in einem Unternehmen nicht nur eine ökonomische, sondern vor allem auch eine soziale Vorbildfunktion zu erfüllen. So gesehen hat jeder Manager nicht nur betriebswirtschaftliche Verpflichtungen dem Unternehmen gegenüber, sondern auch moralische Verpflichtungen gegenüber seinen Mitarbeitern.

Zusammenfassung

In der Kritiksituation muß der Vorgesetzte Gesprächstechniken beherrschen, emotionale Spannungen abzubauen und den Mitarbeiter auf erfolgreiche Lösungsvorschläge zu lenken. Das Hinterfragen der Aussagen und Einwände des Mitarbeiters ebenso wie das Verbalisieren (gespiegelte Rückgabe der Botschaft des Mitarbeiters) bringen deutliche Vorteile.

Zeitgewinn: Die Techniken schützen vor vorschnellen Antworten und verschaffen Zeit zu überlegen.

Problemverschiebung: Indem die Aussage des Mitarbeiters gespiegelt an ihn zurückgegeben wird, entsteht bei diesem neuer Erklärungsdruck.

Besseres Verständnis: Indem der Mitarbeiter genauer erklärt, kann der Vorgesetzte besser verstehen.

Spannungsabbau: Beide Gesprächstechniken wirken einfühlsamer und bauen Vertrauen auf.

Mitarbeiterfrustration wird verhindert.

4.6 Checkliste: Einteilung der Lösungswege

	Kritik erforderlich Einigung unmöglich	Vorkommnis könnte toleriert werden Einigung nicht möglich	Kritik erforderlich Einigung möglich
aktiv ↑	1. Sieg-Niederlage Machtkampf	4. Rückzug	7. Problem lösen
	2. Schiedsspruch durch Dritten	5. Isolation	8. Kompromiß, Verhandeln, Teilen
↓ passiv	3. Schicksal entscheidet	6. Ignorieren Gleichgültigkeit	9. Friedliche Koexistenz Übertuschen

Die Art der Abwehrmechanismen ist abhängig von der Ausgangssituation. Wenn das Vorfeld des Korrekturgesprächs i. S. des mbo gestaltet wurde, ist allein Feld 7. Gegenstand *richtiger* Kritik.

Alle anderen Felder stehen im Widerspruch zu *richtiger* Führung.

Kapitelzusammenfassung

Abwehrmechanismen aus emotionalen Spannungen müssen in Kritikgesprächssituationen einkalkuliert werden. Sie bestehen auf beiden Seiten und können durch geeignete Gesprächstechniken und das Vermeiden von Fehlern reduziert werden.

Vorgesetzte neigen vor Kritikgesprächen zu Gefühlen wie Ärger, Zorn, Enttäuschung, aber auch Angst; Angst vor unangenehmen Gesprächen oder Reaktionen. Gleiches ist bei Mitarbeitern zu erwarten, ergänzt durch Schuldgefühle, Angst vor Strafe oder Entdeckungen. Starke Gefühle aber behindern die zielorientierte Lösung der Kritiksituation.

Wichtige Instrumente zum Spannungsabbau sind:

● Qualifizierte Vorbereitung einschließlich der zu erwartenden Einwände des Mitarbeiters

- Beachtung der Aufwärmphase
- Verzicht auf Wertung und Dominanz
- Fähigkeit der Selbstprüfung, ob beabsichtigte Sätze oder körpersprachliche Signale den Erfolg des Kritikgesprächs eher behindern oder fördern (wirkungsorientiertes Führungsbenehmen!)
- Selbstsicherheit als die Fähigkeit zu besitzen, anderen das eigene Unbehagen nicht zeigen zu müssen; das heißt, auch Verzicht auf Sprechenergie und sprachliche Dominanzsignale
- Beherrschen von spannungsabbauenden Gesprächstechniken

Derartige Techniken sind:

– Hinterfragen: Aussagen und Einwände des Mitarbeiters werden hinterfragt („Wo sehen Sie die Bedeutung?")
– Verbalisieren: Die Botschaft des Mitarbeiters wird mit anderen Worten an ihn zurückgegeben, gespiegelt (Mitarbeiter: „Das sehe ich nicht ein!", Vorgesetzter: „Sie haben Bedenken?")

Beide Techniken bewirken, daß der Mitarbeiter weiterspricht und genauer erklärt, was er gemeint hat. Der Sprechreiz entsteht besonders durch die Verwendung anderer Worte, da dadurch der Sinn der Botschaft zumindest um eine Nuance verschoben wird.

Die Vorteile beider Gesprächstechniken sind erheblich:

1. Zeitgewinne, Schutz vor vorschnellen Antworten
2. Das Problem bleibt – zunächst – beim anderen. Der Mitarbeiter muß genauer erklären, warum er z. B. Probleme sieht
3. Besseres Verständnis: Durch erneute und erweiterte Erklärung des Mitarbeiters gewinnt der Vorgesetzte besseres Verständnis und kann somit auf den Mitarbeiter besser eingehen
4. Sympathieaufbau: Der Mitarbeiter spürt, daß er nicht „niedergemacht" werden soll

Bei falscher Kritik steigen die Spannungen, Probleme werden nicht gelöst, Mitarbeiter flüchten in Frustrationen, die sich in Aggressionen, Resignation, Ersatzhandlungen, Regression, Unterwerfung oder Somatisierung äußert.

5 Ziele des Kritikgesprächs

5.1 Kritikziele im traurigen Alltag
5.2 Druck oder Überzeugung?
5.3 Verhaltenskorrektur, bessere Zielerreichung
5.4 Schadensbegrenzung
5.5 Auswirkungen des richtigen Kritikgesprächs

Kurzbeschreibung

Ein Ziel des Kritikgesprächs in Form von „Dampf ablassen" ist nicht geeignet im Sinne einer konstruktiven Führung. Ziel kann es auch nicht sein, den Mitarbeiter zur Korrektur zu zwingen, da die Verhaltensänderung dann keinen Bestand hat. Ziel muß es sein, den Mitarbeiter davon zu überzeugen, künftig Fehler zu vermeiden und den eventuell entstandenen Schaden selbst zu beheben.
Prüfen Sie, ob Sie bei Kritikgesprächen im Alltag im Vorfeld die Ziele des Kritikgesprächs vor Augen haben?
Welche Ziele verfolgen Sie mit Kritikgesprächen?

5.1 Kritikziele im traurigen Alltag

Ein Beispiel:
Der Hauptabteilungsleiter Adam kommt von seinem Vorstand. Man hat ihm die Leviten gelesen, weil die zugesagte Ausarbeitung in vielen Punkten fehlerhaft und unvollständig ist. Herr Adam hat diese Aufgabe seinem Abteilungsleiter Krause übertragen, den er als gewissenhaft und zuverlässig kennt. In diesem Fall versagte aber Krause. Hauptabteilungsleiter Adam muß sich vorwerfen lassen, die Ausarbeitung mehr oder weniger unkontrolliert an den Vorstand weitergeleitet zu haben. Die Reaktion des Vorstands ist überzogen und in keiner Weise konstruktiv: Im Beisein der anderen Vorstandsmitglieder hat man ihm Unfähigkeit und mangelnde Kontrolle vorgeworfen. Ohne ihm die Möglichkeit einer Stellungnahme einzuräumen, hat man ihn mit den Worten verabschiedet: „Das war's, Herr Adam. Guten Tag!"

Als Hauptabteilungsleiter Adam das Büro von Abteilungsleiter Krause betritt, ist dieser gerade intensiv mit der Zeitungslektüre beschäftigt. Ganz klar, daß Adam sofort ein Kritikgespräch führen muß. Doch welches Gesprächsziel wird er in diesem Augenblick anstreben?

In der Realität resultieren Kritikgespräche leider allzu häufig aus einem unqualifizierten Angriff von „oben", der in irgendeiner Weise weitergegeben werden muß. Ein derartiges Ziel des Kritikgesprächs kann aber nur der emotionalen Entlastung des Vorgesetzten dienen: Der erlittene Druck von oben wird einfach auf die nächste Ebene weitergegeben.

Es leuchtet ein, daß derartige Ziele nichts mit einem richtigen Kritikgespräch zu tun haben, sie verdienen letztlich nicht einmal diese Bezeichnung. Leider kommt aber diese Form von emotionaler Entlastung sehr häufig vor.

Insofern ist das Erkennen vernünftiger Ziele für ein richtiges Kritikgespräch ein ganz wichtiger Schritt bei der Bewältigung richtiger Kritik.

5.2 Druck oder Überzeugung?

Wenn die emotionale Entlastung ganz oder teilweise zum Ziel derartiger Gespräche wird, liegt die Gefahr auf der Hand, daß der Mitarbeiter nicht in Form eines richtigen Kritikgesprächs zu künftigem richtigen Verhalten überzeugt werden kann, weil einfach nur nackter Druck ausgeübt werden soll. Ein solches Verhalten wird von Führungskräften gewöhnlich mit der Begründung „Ohne Druck geht es eben nicht!" gerechtfertigt.

Weil das Führen mit Druck nicht nur falsch, sondern ausgesprochen gefährlich für das Unternehmen sein kann, ist es wichtig, den Unterschied zwischen der Korrektur eines Mitarbeiterverhaltens durch Überzeugung und der Korrektur eines Mitarbeiterverhaltens durch Druck zu untersuchen.

→ *Überzeugung:*
Die Gesprächsführung des Vorgesetzten bewirkt, daß der Mitarbeiter nach dem Gespräch aus eigenem Wollen heraus künftig besser und damit erfolgreicher arbeitet und auch aus eigenem Wollen heraus einen eventuell entstandenen Schaden beheben wird. Die im Überzeugungs-Kritikgespräch vereinbarte Kontrolle dient vor allem auch dazu, die Chancen aus der Anerkennung bei erreichten Teil- und Endzielen zu nutzen.

→ *Druck:*
Auch durch Druck kann ein Vorgesetzter – wenn der Druck nur stark genug ist – ein Fehlverhalten auf null reduzieren. Der prinzipielle Unterschied zur oben geschilderten Vorgehensweise besteht darin, daß der Druck nicht das Fehlverhalten an sich korrigiert, sondern nur dessen Auftreten. Der Mitarbeiter hat nicht eingesehen, daß es auch in seinem Interesse liegt, wenn er künftig anders handelt. Er wird lediglich auf der

Hut sein, sich künftig bei derartigem Verhalten nicht mehr „erwischen" zu lassen.

Die Auswirkungen auf einen Mitarbeiter, wenn von „oben" Druck ausgeübt wird, lassen sich grafisch anschaulich mit Hilfe der sogenannten „Sägezahnkurven" darstellen.

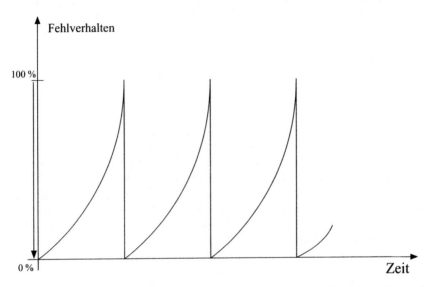

Durch entsprechenden Druck läßt sich jedes Fehlverhalten völlig unterbinden, also von 100 auf 0 %.

Doch was geschieht in einem solchen Fall in der Folge?

1. Der Mitarbeiter gewöhnt sich allmählich an den Druck. Und nur weil Druck ausgeübt wird, wird er nicht dazu bewogen, sein Fehlverhalten zu verändern.

2. Mitarbeiter sind findig, sich dem Druck zu entziehen. Es werden Mechanismen entwickelt, die es erlauben, die alten Gewohnheiten beibehalten zu können, sich dabei aber nicht „erwischen" zu lassen.

3. Druck erzeugt Gegendruck. Die Widerstände des Mitarbeiters gegen den Vorgesetzten (Widerworte, Verweis auf Richtlinien, Vorgaben, Gesetzesnorm. Mitarbeiterrechte und ähnliches) behindern nun auch das Chefbüro.

4. Druck bewirkt generelle Verunsicherung. Die Wahrscheinlichkeit von Fehlern insgesamt steigt.

5. Druck kann nicht permanent über einen längeren Zeitraum aufrechterhalten werden. Der Mitarbeiter bemerkt das und wird (da er ja auch nichts anderes akzeptiert hat) sein altes Fehlverhalten wieder an den Tag legen.

Der Druck muß also ständig wiederholt werden. Die Abstände der „Sägezahnkurve" werden immer kleiner, da der Druck immer häufiger bzw. immer heftiger ausgeübt werden muß. Das Bild zeigt übrigens auch, daß diktatorische Systeme (gleichgültig in welchem Lebensbereich) keine dauerhafte Stabilität haben, da entweder das System oder die Betroffenen „kaputtgehen".

Zusammenfassung

Nur zu oft im betrieblichen Alltag dienen Kritikgespräche dazu, Beschwerden, Verärgerung, Frustration von „oben" nach „unten" weiterzugeben. Der Vorgang verdient kaum diese Bezeichnung, denn richtige Ziele eines Kritikgesprächs sind: künftige Fehlervermeidung und ggf. Schadenseingrenzung. Dafür reicht es nicht aus, „Dampf abzulassen". Diese Ziele werden nur nachhaltig wirksam, wenn der Mitarbeiter von der Richtigkeit überzeugt wird. Auch über Druck kann man Mitarbeiter soweit bringen – zumindest kurzfristig –, Fehler nicht mehr zu machen. Aber – abgesehen davon, daß Druck im Widerspruch zu einem konstruktiven Führungsstil steht – er wird auf Dauer nicht zu Korrekturen und Mitarbeiterentwicklung führen.

Trotzdem wird in Unternehmen und auch in anderen Bereichen immer wieder mit Druck gearbeitet. Eine der Ursachen liegt darin, daß der „Chef" vermeintlich Zeit gewinnen will. Tatsächlich ist es so, daß ein „Druckgespräch" wesentlich zeitsparender ist: „Das hört sich auf und zwar sofort!" Das dauert gerade 3 Sekunden.

Ein Kritikgespräch mit dem Ziel, einen Mitarbeiter zu überzeugen, dauert länger, und bestimmte Phasen sind zu beachten (siehe 6. Kapitel). Wenn eine Führungskraft die gesamten Aufwendungen für permanenten Druck über einen längeren Zeitraum hinweg einmal addiert, wird sie erkennen, daß das einmalige Durchführen eines richtigen Kritikgesprächs wesentlich zeitsparender ist als sämtliche Maßnahmen der Druckausübung.

Wer als Vorgesetzter überprüfen will, ob eine bestimmte Abteilung über Druckausübung geführt wird, soll einmal in Abwesenheit des Abteilungsleiters die Abteilung genauer beobachten. Wenn er feststellt, daß sich die Ver-

haltensweisen der Mitarbeiter deutlich verändern (zum Beispiel keine Überstunden, plötzlich sind alle Türen offen und ähnliches), liegt ein ziemlich sicheres Indiz dafür vor, daß mittels Druckausübung geführt wird. Mitarbeiter zeigen gewünschte Verhaltensmuster eben nur, wenn der „Alte" da ist.

5.3 Verhaltenskorrektur, bessere Zielerreichung

Ziel jedes richtigen Kritikgesprächs muß die Verhaltenskorrektur des Mitarbeiters im Hinblick auf eine bessere Zielerreichung sein. Es geht also darum, in der Schlußphase des Kritikgesprächs herauszufinden, wie der Mitarbeiter künftig Fehler vermeiden kann, wie also sichergestellt werden kann, daß der Mitarbeiter die mit ihm vereinbarten Ziele auch wirklich erreicht. Diese Korrektur liegt sowohl im Interesse des Mitarbeiters als auch im Interesse des Unternehmens. Dieses Ziel hat auch Gültigkeit bei böswilligem oder nachlässigem Verhalten des Mitarbeiters, dann allerdings verbunden mit der Konsequenz einer engeren Kontrolle oder auch der Vereinbarung von schärferen Konsequenzen bei künftiger Zielverfehlung.

Wenn der Mitarbeiter akzeptiert, daß sein Verhalten korrigiert werden muß und kann, gibt es für ihn keinen Grund, sich nicht an die Vereinbarung zu halten.

5.4 Schadensbegrenzung

In vielen Kritiksituationen ist nicht nur das Verhalten des Mitarbeiters zu korrigieren sondern es muß auch häufig ein entstandener Schaden behoben werden. Diese Schadensbegrenzung kann also auch Ziel eines Kritikgesprächs sein. Wie kann nun aber die gewünschte Situation wieder hergestellt werden, wie kann sozusagen die „Kuh vom Eis" geholt werden?

Vorteilhaft ist es, wenn der Mitarbeiter selbst den Vorschlag unterbreitet, auf welche Weise die Schadensbegrenzung bewerkstelligt werden soll. Gleiches gilt auch für Vorschläge zur Verhaltenskorrektur (dargestellt in Kapitel 5.3). Wenn Mitarbeiter nicht von sich aus Vorschläge machen, ist es durchaus für den Vorgesetzten opportun zu fragen: „Was haben Sie für Vorstellungen, das wieder in Ordnung zu bringen? Und was gedenken Sie zu tun, damit das in Zukunft verhindert werden kann?" Wenn der Mitarbeiter selbst die Vorschläge unterbreitet, wird er mit größerem Engagement hinter dem Vorschlag stehen, als wenn diese vom Vorgesetzten vorgegeben werden.

Ein Vorschlag, vom Mitarbeiter selbst unterbreitet, reduziert die Gewinner-Verlierer-Situation. Der Mitarbeiter hat das Gefühl, daß er durch das Aufzeigen einer Lösungsmöglichkeit einen eigenen Beitrag zur Lösung des von ihm verursachten Problems geleistet hat. Die Lösungs*vorgabe* durch den Vorgesetzten hingegen behindert jeglichen Ansatz zu einer Problemlösungskreativität auf der Mitarbeiterseite.

5.5 Auswirkungen des richtigen Kritikgesprächs

Entsprechend der oben dargestellten Ziele für eine Verhaltenskorrektur und Schadensbegrenzung hat ein richtiges Kritikgespräch entsprechende Auswirkungen:

1. Ein höheres Maß an *Zielerreichung:* Der Mitarbeiter lernt, sich für das Erreichen des Ziels mit Engagement einzusetzen. Er spürt, daß in der Folge des Kontrollgesprächs (Anerkennung und Kritik) seine Ergebnisse und auch sein korrigiertes Verhalten vom Vorgesetzten wahrgenommen und bei Erfolg mit entsprechender Anerkennung belohnt werden.

2. *Zielentwicklung:* Durch erfolgreiche Kritik wird der Mitarbeiter immer besser in die Lage versetzt, weitergehende Ziele zu erreichen, so daß die Unternehmensziele, jeweils definiert für den Verantwortungsbereich des Mitarbeiters, immer höher angesetzt werden können, was letztlich einer positiven Unternehmensentwicklung zugutekommt.

3. *Motivation:* Durch richtige Kritik (und Anerkennung) spürt der Mitarbeiter, daß seine Arbeit Wertschätzung erfährt. Er fühlt sich von seinem Vorgesetzten akzeptiert. Durch Erfolgserlebnisse aber steigt seine Motivation zu künftigem höherwertigem Handeln.

4. *Besseres Betriebsklima:* Wenn insbesondere der Bereich der ungeschriebenen Regeln, der unaufgedeckten Erwartungshaltungen konstruktiv angepaßt wird und darüber hinaus Kritik – wie beschrieben – konstruktiv abläuft, fühlen sich Mitarbeiter in Führungssituationen wohl. Das Wohlbefinden steigert die Bereitschaft zur Zusammenarbeit, zum „Wir-Gefühl". Man freut sich, den Kollegen, aber auch den Vorgesetzten zu sehen. Es gibt keine Aussagen wie „Der Alte kommt, es gibt Ärger!", da der Mitarbeiter weiß, daß dem Vorgesetzten die Erreichung der Unternehmensziele genauso am Herzen liegt.

5. Kritik nach vereinbarten Kontrollschritten ist ein Hauptindikator für das Gefühl der Offenheit im Umgang miteinander. *Offenheit* wiederum ist eine Voraussetzung dafür, Fehler aufzudecken und Korrekturen freiwillig vorzunehmen. Das Maß selbstbestimmter Arbeit steigt. Und richtige Kritikgespräche helfen außerdem der

Führungskraft, ihr Image zu stärken, ein gerechter und für die Interessen der Mitarbeiter sich unermüdlich einsetzender Chef zu sein. Wenn Mitarbeiter erleben, daß Kritik unqualifiziert, persönlich diskriminierend und unausgewogen stattfindet, wird das Empfinden des Vorgesetzten für Gerechtigkeit bezweifelt. Durch Führung nach Zielvereinbarung und der damit verbundenen Kontrolle (Anerkennung, Kritik) wird das Gefühl von persönlichen Vorlieben und Benachteiligungen zumindest abgebaut.

6. Ein Vorgesetzter, der akzeptiert werden soll, braucht ein *Erfolgsimage*. Mitarbeiter mögen keine Versager. Ein Vorgesetzter, der keine Kritik üben kann, wird von Mitarbeitern als „Papiertiger" angesehen: „Der traut sich ja nicht!" Konstruktive und problembezogene Sachkritik ist wesentlicher Teil eines solchen Erfolgsimage und die generelle Voraussetzung für Führungsfähigkeit überhaupt (siehe Führungsfähigkeitsprofil).

7. Richtige Kritik *entwickelt* den Mitarbeiter. Dieser begreift Fehler als Orientierungshilfe für verbesserungswürdiges Verhalten Wenn er darüber hinaus in der Lage ist, dieses erfolgreiche Handeln an anderer Stelle sichtbar zu machen, steht seiner beruflichen Karriere nichts mehr im Wege. Außerdem dient es nicht nur ihm persönlich, sondern auch dem Unternehmen (zumindest gilt dies für ein expansiv eingestelltes Unternehmen). Positive Unternehmensentwicklungen sind nur über erfolgreiche Mitarbeiter voranzutreiben.

Kapitelzusammenfassung

Im betrieblichen Alltag werden Kritikgespräche leider nur allzu häufig dazu mißbraucht, eigene Emotionen als Vorgesetzter abzubauen, ohne die Ziele richtiger Kritik bewußt anzugehen.

Das „Ablassen von Dampf" bewirkt weder bessere Zielerreichung noch Mitarbeiterentwicklung. Ebenso ineffektiv ist die Mitarbeiterkorrektur über Druck. Erstens bleibt auf längere Sicht der Erfolg aus, zweitens steht Druck im Widerspruch zu einem konstruktiven Führungsstil, der ausführlich als Voraussetzung für richtige Kritik dargestellt wurde.

Ziele sind die Verhaltenskorrektur des Mitarbeiters in Richtung künftiger Fehlervermeidung und damit besserer Zielerreichung und gegebenenfalls Schadenseingrenzung, sofern ein solcher vorliegt. Beide Ziele gelten auch für Mängel im Führungsverhalten des Mitarbeiters. Es ist wichtig, daß die Vorschläge zur Korrektur vom Mitarbeiter kommen, da dieser sich mit selbst vorgeschlagenen Maßnahmen ganz anders identifiziert und dadurch vor allem sein Verlierergefühl stark reduziert wird.

Richtige Kritik bewirkt:

- ein höheres Maß an Zielerreichung
- Zielentwicklung
- Mitarbeitermotivation
- besseres Betriebsklima
- Offenheit und Vertrauen
- Aufbau eines Erfolgsimages des Vorgesetzten
- Mitarbeiterentwicklung

6 Aufbau des Kritikgesprächs

6.1 Grobleitfaden
6.2 Einzelne Schritte
6.3 Wichtige Prinzipien in Kritiksituationen
6.4 „Todsünden" in Kritiksituationen

Kurzbeschreibung

Das Kritikgespräch ist eines der wichtigsten Führungsmittel. Es sollte daher immer durchdacht, gut vorbereitet und zielorientiert durchgeführt werden. Das 6. Kapitel stellt den Gesprächsrahmen für richtige Kritikgespräche dar. Dabei sind neun logische Phasen zu unterscheiden, die entsprechend konstruktiv ausgestaltet sein müssen.
Die Wirksamkeit des Gesprächs kann durch den Einsatz von Visualisierungsmitteln, Notizen und das Einhalten von bestimmten Gesprächsregeln und Vermeiden von Fehlern erhöht werden.

Sie stehen vor einem wichtigen Kritikgespräch. Wie sieht Ihre Vorbereitung aus?

6.1 Grobleitfaden

Ziel des Kritikgesprächs ist nicht „Dampf ablassen", „unter die Grasnarbe pflügen", Druck weitergeben oder Dominanzstreben ausleben. Ziel des Kritikgesprächs muß vielmehr sein:

• Mitarbeiterkorrektur (-Entwicklung) zur künftigen Fehlervermeidung
• Schadensbehebung

Der Aufbau des Gesprächs muß diesem Anspruch genügen. Folgender Leitfaden stellt einen groben Rahmen dar. Die einzelnen Abschnitte werden in den noch folgenden Abschnitten ausführlich erläutert.

Grobleitfaden

1. Qualifizierte Vorbereitung
2. Aufwärmphase
3. Tatbestand klären
4. Tatbestand bewerten
5. Stellungnahme zulassen
6. Mitarbeiter für Korrektur interessieren
7. Vereinbarung von Maßnahmen zur künftigen Fehlervermeidung
8. Vereinbarung von Maßnahmen zur Schadensbegrenzung
9. Kontrolle, Konsequenzen vereinbaren

Dieses Gerüst stellt einen logischen Rahmen dar, es ist nicht zwingend chronologisch zu sehen. So ist es beispielsweise durchaus möglich, den Punkt 6 (Mitarbeiter für Korrektur interessieren) erst nach Punkt 8 (Vereinbarung von Maßnahmen zur Schadensbegrenzung) zu behandeln.

Der Leitfaden beschreibt alle Phasen eines Kritikgesprächs, die beachtet werden sollen, zunächst unabhängig von der Reihenfolge. Er stellt eine „Checkliste" dar für die *gedankliche* Vorbereitung des Kritikgesprächs.

6.2 Einzelne Schritte

6.2.1 Qualifizierte Vorbereitung

Checkliste für qualifizierte Vorbereitung

● geeigneter Zeitpunkt, Termin vereinbaren mit Thema
● Ziel des Gesprächs
● Hintergrund des Mitarbeiters
● Fakten des zu kritisierenden Tatbestandes
● Mögliche Einwände des Mitarbeiters
● Gesprächsaufbau
● Mögliche Korrekturmaßnahmen
● Störungsfreie Umgebung, entspannte Atmosphäre
● Arbeitssituation des Mitarbeiters

Insbesondere der Punkt „Faktenklärung" ist ausschlaggebend für die Qualität des Kritikgesprächs. Wenn im Vorfeld nicht möglichst objektive Tatbestände verfügbar gemacht werden, bleibt das Kritikgespräch vom Erfolg her auf den guten Willen des Mitarbeiters angewiesen. Je besser im Vorfeld die Regeln eines Zielvereinbarungsgesprächs (insbesondere: Zielbeschreibung, Maßstab) eingehalten wurden desto leichter wird die Faktenklärung für beide Beteiligten sein.

Ein Kritikgespräch darf man nicht spontan führen, weil die Gefahr der emotionalen Entlastung viel zu groß ist. Es sollte vielmehr immer dem Mitarbeiter vorher (kurzfristig) angekündigt werden, ebenso das Thema, das behandelt werden soll. Eine rechtzeitige Terminvereinbarung mit Themenangabe dient ferner dazu, daß der Mitarbeiter sich seinerseits auf das Gespräch qualifiziert vorbereiten kann.

Ein Vorgesetzter, der in Kritikgesprächen seine Dominanz ausleben möchte, wird dazu neigen, dem Mitarbeiter weniger Spielraum für eine gute Vorbereitung zu gewähren, weil er ja fürchten muß, daß dieser Mitarbeiter zu „stark" sein könnte. Ein solches Verhalten hat freilich nichts mit richtiger Kritik zu tun.

Die zu erwartenden Einwände des Mitarbeiters sind im großen und ganzen bereits in der Vorbereitungsphase abschätzbar. In der Regel kennt eine Führungskraft ihre „Pappenheimer" und ist auch in der Lage, sie richtig einzuschätzen:
– **A** übt ständig Schuldabwälzung
– **B** bagatellisiert das Problem
– **C** wird auf seine Überlastung hinweisen
– **D** wird in große Rechtfertigungsreden einsteigen
– **E** wird den Zerknirschten spielen
– **F** tut häufig so, als ginge ihn das Ganze gar nichts an
etc.
Auf solche Varianten kann sich ein Vorgesetzter gut vorbereiten. Er kann sich im Vorfeld überlegen, wie er seinerseits auf eine derartige Reaktion eingehen kann. Wenn dieser Teil der Vorbereitung wegfällt, erleben viele, daß das Kritikgespräch nicht funktioniert, weil ihnen bei einem nicht vorbereiteten Einwand die Worte fehlen.

6.2.2 Bedeutung der Aufwärmphase

Wie bereits ausführlich im 5. Kapitel dargestellt, besteht beim Kritikgespräch das Hauptproblem darin, daß in aller Regel auf beiden Seiten starke emotionale Spannungen vorhanden sind. Aus einer starken Gefühlsspannung heraus ist man aber weder als Vorgesetzter noch als Mitarbeiter in der Lage, fair und angemessen einen Tatbestand darzustellen, geschweige denn die Argumente und Gründe der anderen Seite zu verstehen oder gar zu akzeptieren.

117

Um diese emotionale Anspannung am Anfang eines Kritikgesprächs abzubauen, ist deshalb die Einhaltung einer „Aufwärmphase" besonders wichtig. Wenn nicht sozusagen gleich mit der „Tür ins Haus gefallen" wird, haben beide Seiten Gelegenheit, sich mit der neuen Situation vertraut zu machen, sie haben etwas Zeit, sich zu „beschnuppern", bevor es zur Sache geht.

Für diese Aufwärmphase eignen sich neutrale Themen wie zum Beispiel andere Arbeitsaufgaben des Mitarbeiters, fachliche Fragestellungen oder Fragen aus dem persönlichen Bereich.

In manchen Lehrbüchern wird empfohlen, den Mitarbeiter oder den zu kritisierenden Tatbestand zunächst positiv darzustellen, bevor „Verbesserungsvorschläge" oder Hinweise zur „Optimierung" vorgebracht werden. Dies ist aber abzulehnen, weil die nach einer Anerkennung stattfindende Kritik (die immer: trotz aller Bemühungen, negativ erlebt wird) gravierender als nötig empfunden wird. Die Abwehrmechanismen des Mitarbeiters werden in verstärktem Maße aktiviert, was sich auf den weiteren Verlauf des Gesprächs nur negativ auswirken kann.

Die Aufwärmphase wird ebenfalls unterstützt durch angenehme Begleitumstände:
1. Keine Störungen von außen wie zum Beispiel Telefonate, andere Besucher etc.
2. Kein Durcharbeiten von Unterlagen während des Gesprächs
3. Gespräch nicht im Sichtfeld anderer Kollegen und Mitarbeiter
4. Erfrischungsangebote: Die berühmte Tasse Kaffee hat eine nicht zu unterschätzende Entspannungswirkung; sie signalisiert Zuwendung, Fürsorglichkeit, Gemütlichkeit und Zeit

---

Zusammenfassung

Ein Grobleitfaden des Kritikgesprächs enthält die Stufen:
– qualifizierte Vorbereitung
– Aufwärmphase
– Tatbestand klären
– Tatbestand bewerten
– Stellungnahme zulassen
– Mitarbeiter für Korrektur interessieren
– Vereinbarung von Maßnahmen zur künftigen Fehlervermeidung
– Vereinbarung von Maßnahmen zur Schadensbegrenzung
– Kontrolle, Konsequenzen vereinbaren

In der Vorbereitungsphase ist die Klärung der Fakten besonders wichtig, da sonst der Vorgesetzte auf den guten Willen des Mitarbeiters angewiesen ist. Ein Kritikgespräch sollte auch wegen der Notwendigkeit qualifizierter Vorbereitung niemals spontan geführt werden, da sonst auch der Mitarbeiter keine Gelegenheit zur Vorbereitung hat. Vor dem eigentlichen Gespräch ist die Aufwärmphase wichtig, um emotionale Spannungen abzubauen

Zum Einstieg sollten ferner keine dominanten Ich-Aussagen („Ich muß schon sagen ...!") gemacht werden. Ebenso ungeeignet sind Phrasen und Floskeln, gleiches gilt für Negationen („Es geht hier nicht darum, Sie fertigzumachen!").

Die Aufwärmphase sollte angemessen sein, d. h., bei einer geringfügigen Kritik genügen ein, zwei Sätze. Bei einem Vorkommnis mit gravierenden Konsequenzen kann diese Phase durchaus bis zu einer halben Stunde dauern.

Die Wahrnehmung der Aufwärmphase bewirkt den Abbau von Abwehrmechanismen, die aus der emotionalen Spannung beider Beteiligten resultieren.

6.2.3 Faktenklärung

Wenn ein Vorgesetzter vermutet, daß er insbesondere über den Verhaltensbereich des Mitarbeiters nicht ausreichend informiert ist, könnte er den Mitarbeiter auffordern, selbst darzustellen, was eigentlich geschehen und wie es zu dem Dilemma gekommen ist.

Eine solche Vorgehensweise empfiehlt sich allerdings aus folgenden Gründen nicht: Der Mitarbeiter wird verunsichert, er fühlt sich in eine Falle gelockt und möglicherweise schon hereingelegt. Deshalb ist es in der Regel sinnvoller, wenn der Vorgesetzte seinerseits den Fehler, den zu kritisierenden Tatbestand, so wie er ihn sieht, darstellt.

Von zentraler Bedeutung ist hierbei:

→ *Darstellung der Fakten ohne Wertung*
Wenn ein Kritikgespräch gleich mit einer Bewertung begonnen wird („Ich bin sehr enttäuscht von Ihnen, weil Sie ...!" oder „Wie konnten Sie nur folgendes tun ...!"

119

oder „Es ist unerhört, daß Sie ...!") ist der Erfolg von vornherein gefährdet. Der Mitarbeiter wird dazu neigen, sich zu rechtfertigen oder Gegenangriffe zu starten („Sie hatten mir ja auch viel zu viel Arbeit übertragen!"). Das Kritikgespräch geht dann in ein Streitgespräch über und gerät in eine vollkommen falsche Richtung.

Dadurch, daß die Tatsachen ohne Bewertung dargestellt werden, fühlt sich der Mitarbeiter nicht angegriffen, und er sieht somit keine Veranlassung zur Verteidigung oder zum Gegenangriff. Die entsprechende Redewendung wird sinngemäß lauten: „Folgendes Ziel war vereinbart, folgendes Ergebnis liegt vor!"

Unabhängig von der Reihenfolge der Faktendarstellung ist in jedem Fall die entsprechende Stellungnahme des Mitarbeiters unverzichtbar. Sie kann von selbst vorgetragen werden, sie kann aber auch durch die Frage „Wie sehen Sie diese Geschichte?" provoziert werden.

Erst wenn die Stellungnahme des Mitarbeiters ergibt, daß die Fakten von beiden Seiten in gleicher Weise gesehen werden, ist die Fortsetzung des Kritikgesprächs möglich. Wenn die Gegenüberstellung der Standpunkte ergibt, daß die Fakten unterschiedlich gesehen und bewertet werden oder keine eindeutigen Bewertungsmaßstäbe vorhanden sind, so daß der Mitarbeiter nicht zu überzeugen ist, muß das Gespräch sofort abgebrochen werden. Für eine Fortsetzung des Gesprächs zu einem anderen Termin muß zur Klärung der Fakten eine bessere Vorbereitung durchgeführt werden

Wenn die Darstellung des Mitarbeiters zeigt, daß die Einschätzung des Vorgesetzten unzutreffend war, muß das Gespräch ebenfalls beendet werden. Einen Grund für eine Entschuldigung gibt es nicht, denn es ist ja noch niemand angegriffen worden. Es genügt dann die Feststellung: „Gut, daß wir das klären konnten!"

Wenn die zu kritisierenden Tatbestände ausschließlich auf einer Aussage eines Dritten basieren, sollte im Kritikgespräch der Name des Dritten unbedingt genannt werden. Aussagen wie „Mir ist zugetragen worden ..." oder „Ich habe da von ihren Mitarbeitern gehört ..." sind nicht hilfreich, außerdem – was wesentlich schlimmer ist – sind sie dazu angetan, die Betriebsatmosphäre zu vergiften. Der betreffende Mitarbeiter wird seinen Kollegen in nächster Zeit mit verstärktem Mißtrauen begegnen, was für den Teamgeist sehr störend sein wird.

Wenn der Mitarbeiter der Darstellung des Dritten widerspricht und nicht nachweisbar ist, wer sich im Recht befindet, sollte man auf keinen Fall eine Gegenüberstellung vorschlagen. Es wäre fatal, generell davon auszugehen, daß der, der beschuldigt wird, auch wirklich der Schuldige ist. In so einem Fall sollte das Gespräch ebenfalls abgebrochen werden. Wenn es sich um gravierende Tatbestände handelt, sollte der Mitarbeiter bis zur Klärung des Vorwurfs genauer beobachtet werden. Und diesen Umstand sollte man dem Betreffenden durchaus mitteilen. („Es ist in Ihrem Interesse, wenn ...")

6.2.4 Tatbestand bewerten

Wenn die Fakten geklärt sind, muß eine *Bewertung* vorgenommen werden. Ein Kritikgespräch ist keine „Freundschaftsveranstaltung". Dem Mitarbeiter muß in aller Klarheit und Härte, ohne ihn jedoch zu verletzen, deutlich gemacht werden, daß sein fehlerhaftes Verhalten nicht länger toleriert werden kann. Es muß ihm aufgezeigt werden, welche Auswirkungen sich für seinen Status, für sein Ansehen und für sein Fortkommen im Unternehmen aus derartigen Vorkommnissen ergeben. Die Konsequenzen für die Abteilung und für das Unternehmen müssen dem Mitarbeiter transparent gemacht werden.

Es geht bei der Bewertung *nicht* darum, dem Mitarbeiter zu sagen, wie untauglich oder ungezogen er ist, es geht vielmehr darum, ihn dafür zu *interessieren*, daß er in Zukunft aus eigener Einsicht derartiges vermeidet.

Ein Beispiel soll dies verdeutlichen:

Angenommen, ein Mitarbeiter kommt des öfteren unpünktlich zur Arbeit (das Unternehmen hat feste Arbeitszeiten). Der Vorgesetzte, dem dies ein Dorn im Auge ist, hat ihn darauf angesprochen und ihm unmißverständlich zu verstehen gegeben, daß er ein solches Verhalten nicht länger dulden werde. Wie soll nun aber der Vorgesetzte im Wiederholungsfalle reagieren? Manche neigen in solchen Situationen dazu, gleich mit der großen Keule zu schwingen: „Ich erwarte von Ihnen, daß Sie künftig pünktlich kommen, andernfalls sehe ich mich gezwungen, einen Verweis auszusprechen!"

Nun könnte man durchaus einen förmlichen Verweis für die angemessene Antwort halten, zumal wenn der Mitarbeiter partout nicht geneigt ist, sein Verhalten zu ändern. Vielversprechender als dieses „Schwingen mit dem großen Knüppel" erscheint es allerdings, wenn in einem Gespräch dem Mitarbeiter vor Augen geführt werden kann, welche Nachteile er durch sein Verhalten in Kauf nehmen muß. Dies kann ihm durch folgende Argumente vor Augen geführt werden: schlechtes Image in der Abteilung durch unkollegiales Verhalten, Informationsdefizit durch Versäumen von frühmorgendlichen Konferenzen, keine Berücksichtigung bei der morgendlichen Arbeitsverteilung u. ä.

Ein Mitarbeiter wird sein Verhalten eher
korrigieren wenn er begreift, daß dies
für ihn von Nutzen ist.

Zusammenfassung

Die Faktenklärung, Analyse des zu kritisierenden Tatbestands sind Grundvoraussetzung für faire Bewertung und das Finden geeigneter Korrekturmaßnahmen. Die Darstellung der zu kritisierenden Umstände sollte in der Regel vom Vorgesetzten vorgenommen werden, zunächst ohne jegliche Bewertung. Der Vorgesetzte sollte hier reversibel (also nicht von oben herab) sprechen. Wenn die Faktenklärung nach der Gegenüberstellung mit der Mitarbeiteraussage nicht möglich ist, muß das Gespräch abgebrochen werden. Erst nach Bestätigung des Mitarbeiters ist eine Fortsetzung des *richtigen* Kritikgesprächs möglich.

6.2.5 Maßnahmen zur künftigen Fehlervermeidung

Wesentliches Ziel des Kritikgesprächs ist, daß der Mitarbeiter in Zukunft erfolgreicher arbeitet. Wenn er zur Korrektur hingeleitet oder für eine Korrektur zu bewegen ist, wird er bereit sein, die dafür notwendigen Maßnahmen zu ergreifen. Das gilt um so mehr, wenn die entsprechenden Vorschläge für diese Maßnahmen von ihm selbst stammen. Jemand, der mehr eigen- als fremdbestimmt handeln kann, wird in gesteigertem Maße erfolgsmotiviert sein. Deshalb ist es besonders wichtig, daß nicht der Vorgesetzte bestimmt: „In Zukunft machen Sie das nun so und nicht anders!" Der Mitarbeiter sollte selbst bestimmen dürfen, wie er in Zukunft ähnliche Fehler vermeiden kann. Sollte er mit seinen Vorschlägen etwas zögerlich sein, hilft vielleicht ein aufmunternder Satz wie: „Was stellen Sie sich vor, wie das in Zukunft laufen soll?"

Mitarbeitern, die dann immer noch stumm sitzen bleiben, kann eventuell mit der Alternativtechnik geholfen werden: „Was meinen Sie, wollen Sie in Zukunft nach der Methode A arbeiten oder meinen Sie, es ist ratsamer, B zu machen, weil Sie dann sehr viel bessere Ergebnisse haben werden?" Sollte sich der Mitarbeiter für eine Variante, wahrscheinlich die zweite entscheiden, hat er zumindest vom Ansatz her das Gefühl, selbst die Lösung gefunden zu haben. Generell aber sollten Mitarbeiter ermuntert werden, selbst Lösungsvorschläge zu erarbeiten. Sollte das im Kritikgespräch nicht möglich sein, ist es durchaus ratsam, das Gespräch zu vertagen und den Mitarbeiter aufzufordern, sich in Ruhe darüber Gedanken zu machen, wie er sich die Lösung vorstellt und das Gespräch nach kurzer Zeit fortgesetzt werden kann.

Vorschläge für Maßnahmen durch den Mitarbeiter sind von gravierender Bedeutung für den Abbau der Gewinner-Verlierer-Situation, die in einem Kritikgespräch naheliegend ist. Wenn der Mitarbeiter selbst das Problem löst, hat er das Gefühl, es zumindest teilweise „wieder gutgemacht" zu haben.

> *Mitarbeiter werden wesentlich zuverlässiger*
> *Korrekturmaßnahmen ergreifen, die sie selbst*
> *vorgeschlagen haben. Auferlegte Lösungen*
> *verpflichten weniger.*

Die Vereinbarung von Maßnahmen zur künftigen Fehlervermeidung entspricht vom Gesprächsaufbau her dem Schema, das ausführlich bei der Darstellung des Zielvereinbarungsgesprächs dargestellt wurde (siehe 2. Kapitel).

1. Akzeptanz der Ziele herstellen
2. Die Maßnahmen sowie das Ziel müssen eindeutig definiert sein
3. Die Maßnahmen müssen – wenn auch unter Anstrengungen – realisierbar sein
4. Die Maßnahmen und das Erreichen des Ziels müssen zeitlich abgestimmt sein
5. Der verbindliche Maßstab muß bekannt sein
6. Die Folgen bei Nichteinhaltung der Maßnahmen, bei Nichterreichen des Ziels, müssen klar bestimmt sein (auf diesen Punkt wird noch ausführlicher eingegangen)

6.2.6 Maßnahmen zur Schadensbegrenzung

Der gleiche logische Leitfaden gilt für die Vereinbarung von Maßnahmen zur Schadensbegrenzung. Auch hier ist es von großer Bedeutung, daß die Vorschläge zur Schadensbegrenzung vom Mitarbeiter selbst stammen. Wer als Vorgesetzter bestimmt nach dem Motto „Jetzt lassen Sie mich das mal selber machen!", verbaut seinem Mitarbeiter eine gute Möglichkeit, aus Fehlern zu lernen. Demonstratives „Bessermachen" verstärkt die Gewinner-Verlierer-Situation. Der Boß hat dem Mitarbeiter wieder mal bewiesen, wie klein und unfähig dieser ist. Beides kann nicht im Sinne eines *richtigen* Kritikgesprächs sein.

6.2.7 Kontrolle und Konsequenzen vereinbaren

In den beiden vorhergehenden Abschnitten wurde bereits deutlich darauf hingewiesen, daß zu einer Vereinbarung über einen Maßnahmenkatalog auch eine Kontrollvereinbarung gehört. Wenn der Fehler gravierend war, bzw. bereits häufiger vorkam, sind in einer neuen Zielvereinbarung kürzere Kontrollschritte festzulegen, weil sich hier gezeigt hat, daß das in den Mitarbeiter gesetzte Vertrauen zu groß war. Verstärkte

123

Kontrollmaßnahmen sind die Voraussetzung dafür, daß der Mitarbeiter noch rechtzeitig auf den richtigen Weg gebracht werden kann und damit Erfolgserlebnisse für ihn wieder möglich sind.

Wenn Fehler sich häufen bzw. die Wiederholung eines Fehlers gravierende Folgen hätte, müssen dem Mitarbeiter die Konsequenzen, die sich für ihn persönlich ergeben, aufgezeigt werden. Das übliche Instrumentarium der abgestuften Abschreckung sieht wie folgt aus:

1. Ermahnung (mündlich)
2. Verwarnung (schriftlich)
3. Verweis (mit Eingang in die Personalakte)
4. Abmahnung (schriftlich, Übernahme in die Personalakte, Androhung der Kündigung unverzichtbar, Einbeziehung des Betriebsrates möglich)
5. Androhung der Kündigung

Insbesondere Punkt 5 sollte wirklich nur als allerletztes Mittel zur Anwendung kommen. Es ist unwahrscheinlich, daß sich nach einer Kündigungsandrohung noch eine positive Beziehung zwischen Vorgesetztem und Mitarbeiter herstellen läßt. Beide werden davon ausgehen, daß in absehbarer Zeit das Arbeitsverhältnis beendet wird, sei es durch Kündigung des Mitarbeiters selbst oder durch die Geschäftsleitung.

Von einem vollen Einsatz des Mitarbeiters für das Unternehmen ist in einer solchen Situation nicht mehr auszugehen. Deshalb ist es um so wichtiger, frühzeitig *richtige* Kritikgespräche zu führen, damit Kritik tatsächlich zur Fehlerbeseitigung, zur Schadensbehebung und zur Mitarbeiterförderung führt.

Es müssen aber natürlich auch positive Konsequenzen besprochen werden, zum Beispiel in dem Sinne, daß bei erfolgreicher Wahrnehmung der Korrektur wieder eine höhere Verantwortung, eine erweiterte Kompetenz oder eine neue interessante Aufgabe möglich sind.

Nach jeder Einzelphase des Kritikgesprächs ist jede Art von Stellungnahme oder eine Rechtfertigung des Mitarbeiters zuzulassen. Sie ist nicht zu kommentieren oder zu widerlegen. Aus der Zielvereinbarungssituation heraus ergibt es sich, daß der Mitarbeiter generell die Verantwortung für den Weg trägt, gleichgültig, ob ein Dritter oder er selbst für den entstandenen Schaden verantwortlich war. An dieser Stelle muß man immer von Verantwortung und nicht von Schuld sprechen.

Der Vorgesetzte muß dem Mitarbeiter nicht beweisen, wie er es auf andere Weise hätte bewerkstelligen können. Der Mitarbeiter soll selbst die Möglichkeit zur Korrektur finden. Bestenfalls kann der Vorgesetzte Hilfe anbieten.

> *Die Stellungnahme des Mitarbeiters läßt ihm*
> *selbst die Chance, „sein Gesicht zu wahren".*
> *Sie ist deshalb in jedem Fall zuzulassen*
> *(nicht zu diskutieren).*

Zusammenfassung

Ziel des Kritikgesprächs ist die Korrektur des Mitarbeiters für die Zukunft und die größere Annäherung an die angestrebten Ziele. Für beide Bereiche sind Maßnahmen im Kritikgespräch zu vereinbaren. Vorschläge zur Lösung sollten vom Mitarbeiter kommen, da dann eine wesentlich größere Akzeptanz zu erwarten ist. Der Mitarbeiter wird eine ganz andere Verbindlichkeit für Maßnahmen empfingen, die er selbst vorgeschlagen hat. Indem er eigene Lösungen vorschlägt und auch verwirklichen kann, reduziert sich für ihn die Gewinner/Verlierersituation und er verläßt den Raum nicht klein, verunsichert: was Voraussetzung für künftiges mutiges, erfolgreiches Handeln ist. Am Ende des Kritikgesprächs müssen deshalb auch klare Vereinbarungen stehen, die auch kontrollierbar sind. In der Regel werden engere Kontrollschritte zu wählen sein. Bei wiederholten Fehlern sind Konsequenzen auszusprechen.

Am Schluß des Kritikgesprächs sollte eine Aussage stehen, die deutlich macht, daß der Vorgesetzte auf den Mitarbeiter baut und ihm zutraut, daß er in Zukunft erfolgreich sein wird. Insofern ist Anerkennung in dem Sinne auszusprechen, daß der Mitarbeiter sich bereit erklärt hat, künftig erfolgreicher zu arbeiten.

Sinngemäß können folgende Aussagen getroffen werden: „Ich freue mich, daß Sie das in Zukunft so und so machen werden!"; „Ich gehe davon aus, daß Sie mit der von Ihnen vorgeschlagenen Korrektur wieder das volle Ansehen der Abteilung haben werden!"; „Mit dieser Maßnahme werden Sie das Problem bestimmt in den Griff bekommen!" oder „Wenn das alles so läuft, wie wir das jetzt vereinbart haben, freue ich mich auf die weitere Zusammenarbeit!" u. ä.

Auch der Dank für das konstruktive Gespräch wäre durchaus angemessen.

6.3 Wichtige Prinzipien in Kritiksituationen

→ *Visualisierung*
Die optische Darstellung beispielsweise der zu kritisierenden Fakten, der zu erwartenden Entwicklungen bzw. Fehlentwicklungen oder das Festhalten von möglichen Korrekturmaßnahmen etwa auf einem Flip-Chart oder einer Tafel bringen den Vorteil, daß die so festgehaltenen Gesichtspunkte sich beim Mitarbeiter wesentlich stärker einprägen. Sie beleben das Gespräch und entkrampfen die Atmosphäre. Indem der Mitarbeiter vielleicht seinerseits an den Flip-Chart oder die Tafel herantritt und dort weitere eigene Vorschläge aufzeichnet, entsteht ein starkes Gefühl des gemeinsamen Erarbeitens einer Lösung. Auch die Strukturierung des Gesprächs wird durch eine Visualisierung wesentlich erleichtert.

→ *Notizen machen*
Wenn der Vorgesetzte während des Kritikgesprächs Notizen macht, wirkt das auf den Gesprächspartner beruhigend, weil durch den Schreibvorgang bedingt Gesprächspausen entstehen.

Beide Seiten haben etwas Zeit, ihre Gefühle wieder unter Kontrolle zu bringen und sich auf das Ziel des Gesprächs zu besinnen. Unüberlegte Schuldzuweisungen und Beschimpfungen werden im Vorfeld eingeschränkt, da der Mitarbeiter damit rechnen muß, daß seine Aussagen durch das schriftliche Festhalten quasi beweisbar sind. Dem Mitarbeiter sollte vorher der Sinn der Notizen („Gedächtnisstütze") erläutert werden.

→ *Einhaltung von Gesprächsregeln*
Bestimmte Gesprächsregeln unterstützen den konstruktiven Charakter des Gesprächs.

1. Keine selbst bewerteten Meinungen abfragen	2. Zuhören (wer spricht, erfährt nichts)
3. Informationen vor Wertung	4. Fähigkeit zum Dominanzverzicht
5. Einwände des Mitarbeiters vorbereiten	6 „Ratschläge sind auch Schläge"
7. Ich-Aussagen (des Chefs) → Distanz Sie-Aussagen → Kontakt Wir-Aussagen → verbinden	8. Hinterfragen, Verbalisieren

Mit Punkt 1 ist etwa die Situation gemeint, wenn der Vorgesetzte sich dem Tenor nach folgendermaßen äußert: „Das ist ja furchtbar! Was meinen Sie dazu?" Durch eine derartige Gesprächstechnik fühlt sich der andere entmündigt, denn der Fragesteller hat ja mit seiner Frage bereits vorgegeben, wie unerhört er den Tatbestand findet.

Die Punkte 2, 3, 4, 5, 6 und 8 sind bereits in den vorangegangenen Abschnitten erläutert worden. Punkt 7 stellt darauf ab, daß in einem Kritikgespräch der Vorgesetzte möglichst wenig von sich selbst und seinen Problemen sprechen sollte. Wesentlich sinnvoller sind Aussagen, die den Mitarbeiter in den Vordergrund stellen: „Für Sie ist es von wesentlicher Bedeutung, daß Sie ..." oder „Sie werden folgende Probleme haben, wenn Sie ..."

Mit Wir-Aussagen ist hier das echte „Wir" gemeint, also nicht der Majestätsplural des Chefs: „Dann wollen wir uns mal an die Arbeit machen!" (gemeint ist immer der Mitarbeiter) und keineswegs das Chefarztmotto („Wie geht es uns heute?"). Echte Wir-Aussagen verbinden Vorgesetzten und Mitarbeiter im Sinne einer gemeinsamen Problemlösung: „Wenn wir jetzt beide auf diese Vereinbarung achten, werden wir wieder sehr erfolgreich sein!"

→ *Leitfaden für wichtige Prinzipien*
- Spontane Anerkennung wirkt doppelt, spontane Kritik auch, allerdings negativ.
- Positive Kritik begnügt sich nicht mit dem „Abkanzeln", sondern sucht „Problemlösungen". Die Frage „Wie kann der Fehler künftig vermieden werden?" läßt sich im Ärger nicht beantworten.
- Kritisieren Sie möglichst sachbezogen: „Sie haben diesen Brief nicht korrekt beantwortet, weil ..." und nicht „Sie haben da etwas Dummes und Unkorrektes geleistet".
- Kritisieren Sie individuell: Der Hinweis „In dieser Abteilung wird zuviel telefoniert" trifft niemanden. Höchstens bezweifeln die zu Unrecht beschuldigten Mitarbeiter Ihre Gerechtigkeit oder – noch schlimmer – Ihre Zivilcourage.
- Kritisieren Sie grundsätzlich nur unter vier Augen:
  Auf keinen Fall vor gleichgesetzten oder gar untergebenen Kollegen des Mitarbeiters Kritik üben! Wer bloßgestellt wird, fühlt sich persönlich angegriffen; der Mitarbeiter kann gar nicht positiv auf Ihre Kritik eingehen. Solidarisierung nach beiden Seiten ist zu erwarten; damit ist Gruppenspaltung vorgezeichnet.
- Kritisieren Sie keinen Abwesenden: Wo es sich aus sachlicher Notwendigkeit ergibt, müssen Sie die nächste Gelegenheit benutzen, mit dem Betroffenen zu reden, ehe er von Dritten informiert wird.
- Kritisieren Sie nicht durch Vermittlung Dritter: „Sagen Sie ihm, daß ich ..." ist nur zulässig bei einer Bagatelle, die durch ein direktes Gespräch aufgebauscht würde. Sachverhalte können verzerrt, Bewertungen überzogen oder falsch dargestellt wer-

den. Dritte können derartige Aufträge auch durchaus für eigene egoistische Ziele einsetzen (zum Beispiel lästigen Konkurrenten ausschalten).

- Üben Sie geradlinige Kritik: Verfremdende Ironie und Andeutungen, bei denen sich der Kritisierte erst überlegen muß, was eigentlich gemeint ist, schaffen ebensowenig das richtige Vertrauensklima wie verfängliche Fragen, die ihn dazu bringen sollen, sich selbst herabzusetzen.
- Setzen Sie nach jeder Kritik Ziele und diskutieren Sie den neuen Weg. Also nicht einfach „Das darf nicht mehr vorkommen", sondern „Was können Sie tun, damit das nicht mehr vorkommt?" Auf diese Weise aktivieren Sie den Mitarbeiter zu positivem Verhalten.
- Und wenn die Kritik nicht fruchtet? Überlegen Sie sich zuerst, ob sie selbst falsch vorgegangen sind (zum Beispiel zuviel vom Mitarbeiter verlangen). Wenn das nicht der Fall ist, kritisieren Sie nochmals eindeutig und weisen Sie auf die sonst notwendigen Sanktionen hin. Seien Sie auch da klar und offen. Unbestimmte Drohungen klären eine Situation nicht!
- Den Sinn für das richtige Maß erwerben Sie, wenn Sie Ihre Kritik „nachkalkulieren" und sich Gedanken darüber machen, ob Sie richtig vorgegangen sind. Falls Sie zum Schluß kommen, daß Sie über das Ziel hinausgeschossen sind, gilt: Auch die „Selbstkritik" in Form einer Entschuldigung schädigt Ihr Prestige nicht. Im Gegenteil!
- Informieren geht vor Kritisieren: Je präziser und anregender Sie Ihre Untergebenen informieren, desto mehr begeistern und reißen Sie sie mit.
- Keine personen-, sondern sachbezogene Kritik! Niemals Äußerungen verwenden wie „Sie haben mich enttäuscht!", sondern vielmehr „Das vereinbarte Ergebnis liegt nicht vor!"
- Keine Kritik von „alten Kamellen". Mitarbeiter ärgern sich, wenn immer wieder alte Geschichten auf den Tisch kommen.
- Keine telefonischen Kritikgespräche: Der Abbau von emotionalen Spannungen durch körpersprachliche Signale ist hier nicht möglich, gleiches gilt für schriftliche Kritik.

Zusammenfassung

Das Kritikgespräch wird erleichtert bzw. in der Wirkung verstärkt, wenn zusätzlich einige Prinzipien beachtet werden. Das Visualisieren von Zusammenhängen, erarbeiteten Korrekturmaßnahmen erhöht den Gedächtniswert und lockert auf. Acht Gesprächsregeln helfen, Spannungen abzubauen. Sachbezogene, individuelle Kritik unter vier Augen steigert die Bereitschaft, neue Ziele anzustreben. Nach dem Gespräch sollte der Ablauf kritisch überprüft werden, damit im Sinne eines Trainingseffektes das Kritikgespräch immer weniger belastend wird.

6.4 Todsünden in Kritiksituationen

Zur besonderen Betonung sollen drei Todsünden noch einmal aufgeführt werden.
1. Kritik nie vor Dritten! Konstruktive Reaktionen des Mitarbeiters sind kaum zu erwarten, bestenfalls Unterwerfungsrituale oder Aggressionen.

2. Kritik nie unvorbereitet. Der Mitarbeiter muß sich vorher auf die Situation vorbereiten können. Bei „Überfallgesprächen" wird er sonst nach dem Gespräch unnütze Energie darauf verschwenden, darüber nachzudenken, was er wohl hätte sagen sollen.

3. Kritik ist kein Dampfablaßventil des Vorgesetzten ohne jede Vereinbarung künftiger Korrekturmaßnahmen.

Dies sind die drei Hauptsünden, die leider immer wieder vorkommen. Vorgesetzte, die solche Fehler begehen, dürfen sich nicht wundern, wenn das Betriebsklima miserabel ist und positive Mitarbeiterleistungen nur durch permanenten Druck oder weit über dem Durchschnitt liegende Löhne erreichbar sind. Eine vernünftige Ausgangsbasis für die Entwicklung von Unternehmenszielen liegt hier nicht vor.

Kapitelzusammenfassung

Kritikgespräche haben viele Fallen, da sie in der Regel von starken Emotionen begleitet werden. Wenn uns aber Emotionen steuern, können wir nicht mehr zwangsläufig davon ausgehen, daß Ziele erreicht werden. Deshalb ist es wichtig, einen bestimmten logischen Gesprächsaufbau, dessen Phasen für ein richtiges Kritikgespräch unverzichtbar sind, zu beachten.

Folgende neun Phasen bilden die Struktur eines jeden Kritikgesprächs.

1. qualifizierte Vorbereitung
2. Aufwärmphase
3. Tatbestand klären
4. Tatbestand bewerten
5. Stellungnahme zulassen
6. Mitarbeiter für Korrektur interessieren
7. Vereinbarung von Maßnahmen zu künftigen Fehlervermeidung
8. Vereinbarung von Maßnahmen zur Schadensbegrenzung
9. Kontrolle, Konsequenzen vereinbaren

Im Rahmen der Vorbereitung sind die saubere Faktenklärung und die vorherige Terminvereinbarung mit dem Mitarbeiter besonders wichtig, damit auch dieser sich qualifiziert vorbereiten kann. Im Gespräch selbst folgt dann nach der Aufwärmphase die Darstellung der Fakten durch den Vorgesetzten – ohne jegliche Bewertung. Der Mitarbeiter muß Stellung beziehen. Wenn keine Klärung zu erreichen ist, muß das Gespräch abgebrochen werden. Die Bewertung der gemeinsam erkannten Fakten macht den Mitarbeiter sensibel für die Bedeutung der angestrebten Fehlerkorrektur. Lösungsvorschläge zur künftigen Fehlervermeidung und Schadensbegrenzung sollen möglichst vom Mitarbeiter kommen. Am Schluß des Gesprächs sind Kontrolle und gegebenenfalls Konsequenzen zu vereinbaren.

Eine Reihe von Prinzipien ist zu beachten, deren Nichteinhaltung den Mißerfolg von Kritikgesprächen vorprogrammiert. Drei Todsünden, die in der Realität leider sehr häufig vorkommen: die Kritik vor Dritten, unvorbereitete Kritik (Überfallkritik) und Kritik als Dampfablaßventil des Vorgesetzten.

7 Kontrolle des Kritikgesprächs

7.1 Stellenwert der Kontrolle
7.2 Kontrolle der eigenen Gesprächsführung
7.3 Kontrolle der Reaktion des Kritisierten
7.4 Kontrolle durch längerfristige Veränderungen

Kurzbeschreibung

Im ersten Kapitel wurde dargestellt, daß das Kritikgespräch Teil des Werkzeugkastens einer Führungskraft ist; Werkzeuge, die dazu beitragen, Unternehmensziele zu erreichen. In diesem Sinne ist das Kritikgespräch ein wesentlicher Teil des Handelns jeder Führungskraft in einem Unternehmen und unterliegt somit – wie jedes Handeln – der Kontrolle. Die Kontrolle bezieht sich zum einen auf die eigene Gesprächsführung (geplante und erreichte Ziele; Beachtung wichtiger Phasen), zum andern auf die Reaktion des Mitarbeiters – im Gespräch und vor allem in der Abarbeitung der vereinbarten Maßnahmen.

→ *Wie kontrollieren Sie Ihre Führungsgesprächsführung?*

→ *Wie kontrollieren Sie die Richtigkeit Ihres Kritikgesprächs?*

7.1 Stellenwert der Kontrolle

Auch im Zusammenhang des Kritikgesprächs hat Kontrolle eine positive Funktion. Sie trägt dazu bei, erfolgreiche Gesprächsführung zu erkennen und positiv zu verstärken. Ebenso bewirkt sie die Korrektur von Fehlern im Ablauf dieser Gespräche. Ohne Kontrolle ist eine Weiterentwicklung der Gesprächsführung in Kritiksituationen nicht möglich.

Die Kontrolle bezieht sich zum einen auf die Gesprächsführung des Vorgesetzten selbst und zum andern auf das erreichte Maß der Korrekturen.

7.2 Kontrolle der eigenen Gesprächsführung

Die beste Möglichkeit, die Qualität der eigenen Gesprächsführung zu kontrollieren,

131

liegt darin, in der Phase der Vorbereitung des Kritikgesprächs die *Ziele des Kritikgesprächs* bewußt zu machen und diese auch schriftlich festzuhalten. Wenn das in der Vorbereitung gesetzte Ziel zum Abschluß des Kritikgesprächs nicht erreicht wurde, ist ein erster Maßstab gegeben, die eigene Gesprächsführung zu überprüfen. Wenn die vorbereiteten Ziele erreicht werden, sollte auch das festgestellt werden, damit der Vorgesetzte Selbstsicherheit in der Führung durchaus schwieriger Gesprächssituationen gewinnen kann.

Die *zweite* Möglichkeit der Kontrolle ergibt sich aus der Gegenüberstellung der einzelnen Soll-Phasen des Kritikgesprächs entsprechend dem Gesprächsleitfaden und der tatsächlichen Wahrnehmung dieser Phasen. Hat zum Beispiel die Führungskraft im Kritikgespräch vergessen, den Mitarbeiter aufzufordern, über künftige Fehlervermeidung nachzudenken, so sollte das Ergebnis dieser Kontrolle sein, diese Phase im nächsten Kritikgespräch bewußter vorzubereiten. Analog kann jede Phase des Kritikgesprächs kontrolliert werden.

Vorgesetzte mit einem weiten Erfahrungshorizont sind durchaus in der Lage, zum Ende eines Kritikgesprächs diese Kontrolle vom Kritisierten selbst zu erbitten. Wenn ein offenes Klima herrscht, wird der Mitarbeiter auf die Frage „Wie fanden Sie das Gespräch? Sind Sie mit der Durchführung unseres Kritikgesprächs zufrieden?" seine Bedenken, aber natürlich auch seine Zufriedenheit äußern.

Dieses Erbitten von Feedback durch den Mitarbeiter ist leider nur in sehr wenigen Unternehmen gebräuchlich.

7.3 Kontrolle der Reaktion des Kritisierten

Kritisches Hinterfragen muß auch die Reaktion des Kritisierten beinhalten. Das gilt sowohl für die einzelnen Phasen des Kritikgesprächs als auch für seine Bereitschaft zu Eingeständnissen, seine Mitarbeit an konstruktiven Lösungen bezüglich der Maßnahmen zur Fehlervermeidung sowie der Maßnahmen zur Schadensbegrenzung.

Diese Kontrolle erfolgt natürlich auch schon während des Gesprächs. Es wäre ja sinnlos, Abwehrreaktionen, Mißverständnisse, Aggressionen zu ignorieren bzw. einfach zu übergehen und nach dem vorbereiteten Schema voranzuschreiten. Im Extremfall kann diese Kontrolle sogar soweit gehen, das Gespräch zu unterbrechen oder abzubrechen und einen anderen Termin zur Fortsetzung festzusetzen. In der Zwischenzeit haben dann beide Seiten Gelegenheit, das eigene Verhalten zu überprüfen. Durch den zeitbedingten Abbau von Emotionen entsteht eine neue Bereitschaft, wieder aufeinander zuzugehen.

Die Kontrolle der Mitarbeiterreaktion nach dem Gespräch erfolgt entsprechend der neuen Zielvereinbarung. Es gelten also all die Regeln und Grundsätze, die in den vorangegangenen Kapiteln dargestellt wurden.

7.4 Kontrolle durch längerfristige Veränderungen

Führungserfolge sind langfristig angelegt. Positive Veränderungen finden nicht von heute auf morgen statt. Sie erfordern Geduld und Ausdauer der Führungskraft, oftmals über Jahre. Die Klimaveränderung erfolgt nicht mit einem großen Sprung, sondern ist die Summe von vielen alltäglichen oftmals sehr kleinen Korrekturen. Entscheidend ist, daß die Richtung stimmt und der Weg beibehalten wird. *Richtige* Kritikgespräche sind dabei ein wesentliches Element. Wenn die entstehenden Vorteile im Zeitablauf deutlicher, erlebbarer werden, war die Führung der Mitarbeiter über Zielvereinbarungen und Kontrolle – und damit *richtige* Kritik – erfolgreich.

Wenn alle Führungskräfte in einem Unternehmen sich bemühen, so nah wie möglich an den idealen Leitfaden richtiger Kritik heranzukommen, hat das positive Auswirkungen auf die langfristige Entwicklung des Unternehmens.

Es wurde in den anderen Kapiteln deutlich gemacht, welche Folgen es für ein Unternehmen hat, wenn Kritik entweder überhaupt nicht stattfindet oder unqualifiziert durchgeführt wird. Die Folge sind Frustrationen und Demotivation bei den Mitarbeitern.

Richtige Kritik aber bringt deutliche Vorteile:

1. Neuorientierung von Chef und Mitarbeiter
Durch richtige Kritik wächst der Erfahrungshorizont des Vorgesetzten. Seine Fähigkeit, auch unangenehme Situationen, schwierigste Kritiksituationen konstruktiv zu bewältigen, steigert seine Selbstsicherheit. Er wird lernen, auch nach außen mit Selbstbewußtsein auch in schwierigen Verhandlungen und Gesprächen aufzutreten. Er trainiert, in entscheidenden Situationen negative Emotionen unter Kontrolle zu halten. Er lernt die Stärken und Schwächen seiner Mitarbeiter besser kennen, und er begreift die Mitarbeiterförderung im Sinne der Unternehmensziele als eine seiner vornehmsten Führungsaufgaben (siehe zweite Definition von Führung im 1. Kapitel).

Auch der Mitarbeiter entwickelt seine Fähigkeiten, erkennt aber auch seine Grenzen. Er wird lernen, sich von utopischen Höhenflügen zu verabschieden. Er wird seine Chancen und Möglichkeiten im Unternehmen realistischer und zufriedener einschätzen können. Da richtige Kritik auf Dauer umschlagen muß in Anerkennung, wird er

133

spüren, daß er – an welchem Platz auch immer – ein wichtiger Teil des Unternehmens ist. Menschen mit Selbstwertgefühl sind in der Lage, für akzeptierte Ziele mutig zu kämpfen.

2. Aufbau des Teams

Wenn im Team Kritik konstruktiv und zielorientiert eingesetzt wird, kann der Vorgesetzte aus der Sicht der Mitarbeiter sein Image als gerecht und neutral handelnde Führungskraft verstärken. Es gibt weder Lieblingskinder noch Prügelknaben oder schwarze Schafe. Durch die Vorbildfunktion der Kritikgesprächsführung durch den Vorgesetzten werden auch die Mitarbeiter lernen, untereinander Hilfestellungen bei Problemlösungen zu geben. Jeder erkennt die Stärken und Schwächen des anderen. Unbeliebte Kollegen werden nicht mehr ausschließlich mit ihren Schwächen wahrgenommen, sondern in ihren Stärken akzeptiert und in das gesamte Geschehen integriert. Eine derartige Teambildung ist wesentlicher Bestandteil aller Lean-Management-Strategien. Das erfolgreiche Kritikgespräch durch den Vorgesetzten tendiert also dazu, sich selbst überflüssig zu machen.

3. Streßfreie Entwicklung der Unternehmensziele

Alle Beteiligten erleben durch konstruktive, richtige Kritik, daß Fehler Orientierungshilfen sind. Der Vorgesetzte und sein Team decken gemeinsam Fehler auf und suchen nach Lösungsmöglichkeiten, die allein die Gewähr bieten, die Unternehmensziele auch tatsächlich zu erreichen.

Richtige Führung ist ein wesentlicher Garant zur Erreichung der Unternehmensziele, richtige Führung aber erfordert auch richtige Kritik.

Kapitelzusammenfassung

Auch das Kritikgespräch unterliegt der Kontrolle durch den Vorgesetzten selbst (und auch durch dessen Vorgesetzten) und durch den Mitarbeiter. Erster Kontrollbereich ist das Gespräch selbst, sind Differenzen zwischen geplanten Gesprächsphasen und -ergebnissen und dem tatsächlich Erreichten. Den besten Maßstab bieten erkennbare Verhaltens- bzw. Ergebnisänderungen beim Mitarbeiter im Nachgang des Gesprächs. Wenn Erfolge sich einstellen, ist dieses der beste Beweis.

Veränderungen in der Führungskultur sind nicht von heute auf morgen bemerkbar. Die Anwendung des konstruktiven Führungsstils, die Einhaltung vereinbarter Führungsleitlinien führen oft erst über Jahre zu von allen bemerkten Veränderungen. Es ist ein Prozeß, der aus vielen kleinen Einzelschritten besteht. Unternehmensentwicklung über richtige Kritik zu wollen erfordert also Geduld und Ausdauer.

Die längerfristigen Auswirkungen werden positiv sein:

- Neuorientierung von Chef und Mitarbeiter
- Aufbau des Teams
- streßfreie Entwicklung der Unternehmensziele